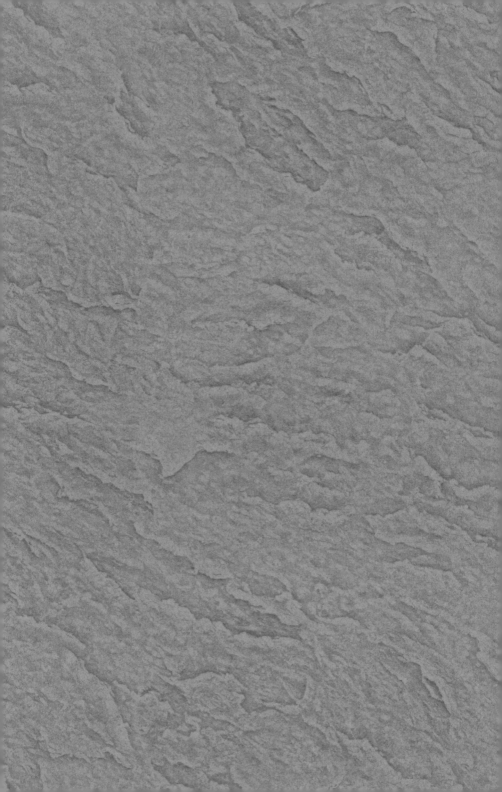

教育工学選書Ⅱ

eラーニング/
eテスティング

日本教育工学会 監修
赤倉貴子・柏原昭博 編著

ミネルヴァ書房

序
―― 学びの手引き ――

　本書は，第Ⅰ部：eラーニング（第1～3章），第Ⅱ部：eテスティング（第4～6章）の二部構成としており，第Ⅰ部は柏原が，第Ⅱ部は赤倉がとりまとめた．

第Ⅰ部：eラーニング

　インターネットやWebによる情報通信インフラの充実・拡大，およびスマートフォン・タブレットメディアをはじめとするさまざまな新しいICT機器の登場は，人間の学習や教育に革新的な変化をもたらし，現在高等教育機関を中心にICTを基盤としたeラーニング環境が急速に進展しつつある．また，それに付随して学習の場も拡大し，多様な形態の学びが可能となってきている．

　こうした現状を踏まえて，第Ⅰ部では高等教育機関におけるeラーニングに焦点を絞り，eラーニングで可能となる学習の場と，その場における学習の質的向上支援を俯瞰することをねらいとして，研究動向も含めたeラーニングの現状を紹介する．また，今後解決すべきeラーニングの課題についても論じる．

　第1章では，高等教育機関における科目履修のための基幹システムであるLMS（Learning Management Systems）を取り上げ，LMSによる学習データ（科目コース，教材コンテンツ，課題・テスト，学習者情報，学習履歴情報など）の管理・活用の方法を概観するとともに，LMSを用いた学習の質的向上を図る枠組みや技術的方法について紹介する．なお，オープンソースの代表的なLMSとして，1.1節ではMoodleを，1.2節ではSakaiを紹介する．

　第2章では，ユニークなeラーニングとして，遠隔学習，大学間連携，ソーシャルメディアを基盤とするソーシャルラーニングを取り上げる．まず，2.1節では，遠隔学習システムが可能とする遠隔地における同期・非同期による講

義受講の仕組みについて解説する．また，遠隔地での受講の質を高めるための情報通信技術，遠隔学習システムのシステマティックな構成・運用を図る方法，および今後の研究課題について論じる．

2.2節では，大学間連携の必要性と実現のための枠組みを解説するとともに，大学間連携を通して可能となる学習のモデルケースとして四国における地域に貢献する人材育成を題材に，大学組織間の連携および個々の大学が有するLMSの機能・データの技術的連携方法と要素技術を解説する．

2.3節では，WebにおけるSNSに代表されるようなソーシャルメディアを基盤として，いくつかの典型的なコミュニティ（クラスルーム，ラボ，キャンパス）を取り上げ，学習者間のインタラクションを通して学ぶ（ソーシャルラーニング）場を提供するための方法を解説する．また，より質の高いソーシャルラーニングを実現するために，コミュニティ内でやり取りされる学習に関する情報を知的処理する方法について論じる．

第3章では，学習の場とその質的向上の観点から，第1章・第2章で紹介したeラーニングを総括するとともに，今後解決しなければならない課題をまとめた．

第II部：eテスティング

eテスティングとは，コンピュータを用いて出題，実施されるテストの総称であるが，ペーパーテストより優れている点として，

(1) ペーパーテストでは収集できない情報を得ることができること．
(2) 大規模なアイテムバンク（テスト項目データベース）を構築できることから，受験者の能力を測定するために最適な項目を出題できる適応型テストの構成が容易であること．

をあげることができる．したがって，第II部を学ぶにあたっては，そこで紹介されている技術・手法が，(1)(2)のいずれの利点のために開発，運用されているのかを是非考えてもらいたい．

第4章では，eテスティング研究の最先端技術について述べられる．4.1節「eテスティングの発展」は，eテスティングシステムを高等教育の場で実際

に長く開発・運用・実施してきた赤倉が，eテスティングの歴史的変遷について触れた上で，eテスティングの個人認証技術について紹介する．4.2節「適応型テストの最先端技術」は，この分野の代表的研究者である植野真臣氏の下で研鑽を積まれた宮澤芳光氏によって適応型テストの最新研究動向が解説される．4.3節「eテスティングにおける自動テスト構成」は，4.2節著者同様，植野真臣氏の下で研究をされてきた石井隆稔氏によって，テストの自動構成手法が紹介される．

第5章では，教育現場でのeテスティング技術の利用・応用について述べられる．5.1節「生体情報・行動情報を用いた学習者の心的状態の推定」は，学習者から生体情報・行動情報を取得し，学習者の心的状態を推定することによって，よりよい学習につなげる研究について，生体情報を学習に積極的に活用する研究に取り組んでいらっしゃる松居辰則氏によって紹介される．5.2節「テスト時の学習者の誤りの可視化の効用」は，誤りの可視化に関する研究に取り組んでいらっしゃる東本崇仁氏によって，可視化の効用について述べられる．5.3節「これからの高等教育機関におけるeテスティング」では，赤倉が実際に高等教育機関で実施されているさまざまなeテスティングを紹介し，特に総括的評価ではなく，形成的評価として利用されるeテスティングの効果について述べる．

第6章は，第4章，第5章のまとめとして，eテスティング研究の現状を概観し，今後さらにどのように研究が進められていくべきかについて，赤倉が総括として述べる．

第Ⅱ部は，先にも述べたように，なぜeテスティングを利用するのかについて考えながら読み進められることが望ましい．

本書は，単にeラーニングやeテスティングの技術を簡単に概観しようとしたものではない．研究としてのeラーニングやeテスティングには，どのようなものがあり，どのような研究が行われているか，そしてコンピュータサイエンスの最先端技術がどのように活かされているか，などを紹介したつもりであ

る．読者諸氏におかれては，これらを基礎として，さらに何ができそうか，何をするべきかを考え，新たな課題を発見され，今後のeラーニング／eテスティング研究に寄与して頂きたいと著者一同切に願っている．

柏原昭博・赤倉貴子

eラーニング／eテスティング

目　次

序——学びの手引き

第Ⅰ部　eラーニング

第1章　オンラインコースウェアとLMS ……………………………… 2

1.1　Moodleベースのオンラインコースウェア管理・運用 ………… 2

1.2　Sakaiを基盤としたオンラインコースウェアの運用 ………… 18

第2章　ユニークなeラーニング利活用 ……………………………… 33

2.1　遠隔学習システム ……………………………………………… 33

2.2　大学間連携システム …………………………………………… 49

2.3　ソーシャルメディアを用いた学習環境 ……………………… 64

第3章　eラーニングの現状と今後の課題 …………………………… 85

3.1　LMSが提供する学習の場 ……………………………………… 85

3.2　ユニークなeラーニングの場 ………………………………… 87

第Ⅱ部　eテスティング

第4章　eテスティング研究の最先端 ………………………………… 94

4.1　eテスティングの発展 ………………………………………… 94

4.2 適応型テストの最先端技術……………………………………112
4.3 eテスティングにおける自動テスト構成……………………126

第5章　教育現場でのeテスティング技術の利用・応用……144
5.1 生体情報・行動情報を用いた学習者の心的状態の推定………144
5.2 テスト時の学習者の誤りの可視化の効用………………………157
5.3 これからの高等教育機関におけるeテスティング……………173

第6章　eテスティングの現状と今後の課題……………………188
6.1 なぜ今eテスティングなのか……………………………………188
6.2 最先端のeテスティング研究の動向と今後の課題……………190
6.3 教育現場で利用・応用されるeテスティング研究の
　　動向と今後の課題…………………………………………………193
6.4 eテスティングの今後の展開……………………………………196

あとがき
索　引

第Ⅰ部

eラーニング

第 1 章

オンラインコースウェアと LMS

1.1 Moodle ベースのオンラインコースウェア管理・運用

仲林　清・森本容介

1.1.1 LMS 概要

2000年前後にeラーニングという概念が一般化して以来，LMS（Learning Management System）はその主要な技術基盤として発展してきた。近年では，教育目的に特化していないソーシャルメディアやモバイルデバイスの教育活用も盛んになり，eラーニングは LMS に縛られるものではない，という考え方も定着しつつある。しかし，教育機関や企業などにおいて，eラーニングの導入，実施，評価というサイクルを繰り返して教育の質を高めるために，LMS によって学習教材，学習者情報，学習履歴などの学習データを作成・収集・管理・活用することの重要性は一向に失われていない。

LMS に求められる要件は，大きく，学習支援やマネージメントというニーズからの視点と，IT の技術進化に対応する柔軟な拡張性というシーズからの視点に分けられるであろう。ニーズの視点から見たeラーニングの特徴として，「時間・場所を問わない柔軟性」「自分のペースによる繰り返し学習」「学習履歴を用いた学習状況の確認や教材の改善」「独習・グループ学習など多様な学習形態」が挙げられる（青木 2012）。また，eラーニングの学習サイクルは，個々の学習者の知識やスキルを表す「学習者プロファイル」と，学習の目標となる知識やスキルレベルの体系的な記述である「コンピテンシマップ」を比較して学習計画を立案し，「コンテンツ」を用いて実際の学習を行い，その結果

を評価する，というPDCAサイクルと考えることができる（仲林 2002）。これらの特徴は，必ずしもeラーニングに特有のものではなく，IT基盤を用いない従来型の教育にも多かれ少なかれ見られるものである。しかし，LMSのようなIT基盤を導入することにより，これらが目に見える形でより容易に低いコストで実現できるようになったことは確実であろう。

一方，シーズの視点からは，eラーニングという概念の普及よりもあとに出現したWeb 2.0というキーワードに代表されるさまざまなソーシャルメディアやモバイルデバイス，さらには近年のビッグデータやクラウドなど[1]に対応した機能拡張が要求される。

一般的なLMSの機能は，上記のeラーニングの特徴に対応したものとなっている。LMSでは基本的に以下の三種の学習データを管理しており，これらを組み合わせたデータをさまざまに作成・収集・管理・表示・活用している。

① コンテンツ・共有ツール・コース構造

個々の学習者に提示するコンテンツ，複数学習者が共有するツールと，それらの静的・動的な提示順序やスケジュールを定めたものである。コンテンツとしては，各種の文書や画像，テスト，SCORMなどの標準規格（仲林 2012）にのっとったeラーニングコンテンツなどが考えられる。共有ツールとしては，チャット，フォーラム，Wikiなどが挙げられる。また，前記のような技術進歩に伴って新たに開発される教育利用可能なシステムやツールをすべてLMSに組み込むことは現実的でないため，これらを外部システムとして連動させる拡張機能が用意されている場合もある。コース構造はこれらのコンテンツやツールを用いて構成する。大学の15コマの授業に合わせて，コンテンツやテストを提示する順番や日程を定めるのが最も一般的な使い方であろう。LMSによっては，テストの合否など，決められた条件を満たさないと，以降に進めないような設定をすることもできる。

② 学習者・利用者・グループ

学習者に関する情報と，それらの学習者が所属するグループを定めたもので

ある。個人の属性情報のほか，学習者の所属する組織や学習グループに対応したグループを作成する。学習者やグループは，①で述べたコンテンツや共有ツール，コースを割り当てる単位になる。講師，TA，管理者など，学習者以外の利用者は，コンテンツの作成・追加，学習者の割り当て，③の学習履歴の確認などを行うことができる。

③ 学習履歴

　コンテンツ，共有ツール，コースなどに割り当てられた学習者が学習を実行した結果として得られるデータである。典型的な学習履歴は，テストの解答内容やレポート課題の提出物である。LMSでは，これらの一般的な学習履歴のほかに，コンテンツの閲覧，共有ツールでの発言，学習時刻，学習継続時間など，IT基盤特有の非常に詳細なデータを収集できる。これらの学習履歴は，さまざまな可視化手段によって閲覧することができ，講師が，学習者の進捗度・理解度を確認して，個人ごとの学習支援やブレンデッド・ラーニングにおける授業計画策定に活用できる。また，個々のコンテンツやコース全体の改善のためにも活用できる。

　以降では，オープンソースの代表的LMSであるMoodleを紹介する。LMSの管理する三種の学習データの観点から機能を概説し，その後，Moodleのさまざまな機能拡張や外部システム連携について解説する。

1.1.2　Moodleの概要

　Moodleは1999年に開発が開始されたLMSである。オープンソースとして開発・配布されており，世界各国の言語にローカライズされている。2002年にMoodle 1.0がリリースされ，2010年にはMoodle 2.0がリリースされた。2014年12月現在の最新バージョンは2.8.1である。

　Moodleはオープンソースソフトウェアの典型的な成功事例といえるであろう。実装言語はPHPであり，Linux，Windows，OS Xなどで動作する。このため利用者は手軽にMoodleを利用することができ，また，開発に参加することも容易である。Moodleの公式サイト（https://moodle.org/）には500名近い

開発貢献者の名前が挙げられている。開発の速度は非常に速く，上記のように2010年に Moodle 2.0 がリリースされて以来，大小のバージョンアップが70回以上行われている。また，後述するように機能拡張のための API が定められており，これによって多様なプラグインによる機能拡張が行われている。Moodle の公式サイトに掲載されているプラグインは，学習活動に対応する活動モジュール約250種，画面上で各種の UI や表示機能を提供するブロック約240種など，全部で1000近くに上る。バグや質問，新しい機能のアイデアなどは Moodle Tracker と呼ばれる Web システムで投稿・管理され，これによって素早い問題解決と利用促進が図られる。さらに，Moodle を用いたサービスを提供するベンダーを認定する Moodle Partner という制度がある。利用者はこれらのベンダーから，ホスティング，導入，運用，カスタマイズなどのサービスを受けることができる。このように，オープンソースソフトウェアを核とするコミュニティが形成されて，品質や付加価値の向上が実現していることがMoodle の大きな特徴であろう。

1.1.3　Moodle の機能

　Moodle の機能を，LMS の管理する三種の学習データの観点から解説する。Moodle の使用方法についてはいくつかの解説書（Rice IV 2009；井上 2013）があるのでそちらを参照されたい。

① コンテンツ・共有ツール・コース構造

　Moodle では，学習者に提示するコンテンツや共有ツールは，リソースと活動（Activity）に分類される。リソースは，学習者が閲覧するだけの静的な情報で，PDF などの文書ファイル，Web ページへのリンク，音声，動画，などが含まれる。ブックや IMS Content Package というリソースを用いると，本のような複数のページと階層型の目次を持ったコンテンツを利用することができる。

　活動は，閲覧だけでなく，学習者が情報を入力できる対話型コンテンツや共有ツールである。対話型コンテンツの代表例は課題（Assignment）や小テスト

(Quiz) である。課題を使うと，学習者にテキスト入力やファイルアップロードでレポートを提出させることができる。小テストでは，多肢選択，穴埋め，組合せ，などの形式の問題を作成し，解答に対するフィードバックのタイミングなども指定できる。共有ツールの代表例は，学習者が同期的に情報交換を行うチャットや，非同期的に情報交換を行うフォーラムである。活動を用いると，「③ 学習履歴」で述べるように，学習者の入力データやそれに基づく評点の情報を記録・取得することができる。たとえば，対話型コンテンツの一種であるSCORMパッケージを用いると，SCORMコンテンツのページごとの閲覧時刻やコンテンツ中の演習問題に対する解答など非常に詳細な学習履歴を取得できる。また，共有ツールの一種であるフォーラムでは，学習者の投稿に評点をつけてそれを成績評価の対象に含めることができる。SCORMについては1.1.5で，共有ツールの一種である作問学習機能については1.1.6で詳しく述べる。

　Moodleでは，複数のリソースや活動を集めたコースを作成することができる。コースは複数のセクションから構成される。セクションは，コースにおける学習のまとまりで，トピック・フォーマットと呼ばれる表示形式ではある学習トピックに対応し，ウィークリー・フォーマットと呼ばれる表示形式では一つの週に学習する内容に対応する。セクションは，複数のリソースや活動から構成される。したがって，あるセクションにおいて，まずリソースを閲読して知識を学び，次に小テストを行って知識を確認し，それに基づいてフォーラムで他の学習者と議論する，といった学習の流れを設定することができる。また，学習の流れを動的に管理するために，学習者のプロファイルや他の活動に対する評点などに応じて，リソースや活動に対するアクセスを制限する利用制限 (Conditional activities) の機能がある。これによって，小テストに合格しないとフォーラムの議論に参加できない，フォーラムで一定回数以上発言しないと次に進めない，といった制御を行うことができる。

　図1-1-1にコースを表示した例を示す。この例は，ウィークリー・フォーマットで表示しており，週ごとのセクションにリソースや活動が含まれている。また，2回目のディスカッションに対して利用制限が設定されている。

第1章　オンラインコースウェアと LMS

図1-1-1　ウィークリー・フォーマットのコース表示例

② 学習者・利用者・グループ

　Moodle の利用者は，学生，教師などのロールを有する。ロールは利用者に対して固定されているわけではなく，たとえば，ある利用者が，ひとつのコースには学生，他のコースには教師のロールをもつことができる。ロールに与えられる複数のパーミッションによって，利用者が可能な操作が規定される。たとえば，教師のロールにはコースに対して活動を追加・削除するパーミッションが与えられているが，学生のロールにはそのようなパーミッションは与えられていない。このようにパーミッションは，さまざまな学習データに対する操作の権限と考えることができる。既定のロールの種別は，「学生」「教師」「ゲスト」「マネージャ」などとなっているが，パーミッションを組み合わせて新たなロールを定義することも可能となっている。

第Ⅰ部　eラーニング

名/姓	メールアドレス	外部Webページ	簡単なテスト	1回目のディスカッション	解説資料	2回目の小テスト	2回目のディスカッション
山田 太郎	yamada@example.com	☑	☑	☐	☑	☑	☐
鈴木 花子	suzuki@example.com	☐	☑	☐	☐	☐	☐

図 1 - 1 - 2　活動完了レポートの表示例

　また，利用者の集まりであるグループを定義することも可能である。グループはコースに対して複数設定することができる。これによって，ひとつのコースを複数の教師が担当している場合，ある教師はコースに対して設定されたグループのうち，担当するグループだけの評定を行う，といった管理が可能となる。また，フォーラムなどの共有ツールでは，同じグループに所属する利用者同士に議論を行わせたり，利用制限機能を用いて所属するグループに応じて異なる活動を学習させる，といった制御を行うことができる。

③ 学習履歴

　学習者がリソースを参照したり，活動を実行した結果は学習履歴として保存される。これらの学習履歴は，学習者自身や教員が閲覧したり，外部に取り出したりできるほか，①で述べたように，リソースや活動の利用制限の条件として利用することができる。Moodle では，完了トラッキング（Completion tracking）機能によってリソースや活動を完了したか否かの履歴を取得できる。また，小テストやフォーラムなどの活動では学習者の活動に対する評価を行うことができる。教員が，前者の履歴を表示した例を図 1 - 1 - 2 に，後者を表示した例を図 1 - 1 - 3 に示す。さらに，小テストなどでは，個々の学習者の解答履歴なども参照できるが，その例は 1.1.5 の SCORM プラグインの例で説明する。

第 1 章　オンラインコースウェアと LMS

姓 ▲ 名	メールアドレス	デモコース ⊟	
		簡単なテスト ⇕	2回目の小テスト ⇕
山田 太郎	yamada@example.com	10.00	10.00
鈴木 花子	suzuki@example.com	0.00	-
全平均		5.00	10.00

図 1-1-3　評定の表示例

1.1.4　Moodle の拡張・連携

　前述の通り，Moodle はプラグインによって機能拡張したり，外部システムと連携させることができる。プラグインによる拡張機構をもった一般的なソフトウェアと比較して，Moodle はプラグインの種類（プラグイン型と呼ぶ）が多いことが特徴であろう。Moodle のプラグイン型として，リソースと活動に対応する「活動モジュール」，ユーザ認証を扱う「認証プラグイン」，サイトの見た目を定義する「テーマ」などが挙げられる。プラグインの中には，サブプラグイン型を持つことができるものもある。たとえば，標準添付の活動モジュールである「課題」プラグインは，提出方法（「Web ページのフォームに入力」や「ファイルのアップロード」など）を定義するサブプラグイン型をもっている。Moodle 2.8.1 では，サブプラグイン型も含めて，40以上ものプラグイン型が定義されている。Moodle の標準機能も，多くがプラグインとして実現されており，Moodle 2.8.1 では約350のプラグインが標準添付されている。たとえば，図 1-1-1 のウィークリー・フォーマットは「コースフォーマット」型のプラグインが実現しており，図 1-1-2 の活動完了レポートは「レポート」型のプラグインが実現している。

　Moodle のプラグインは PHP のコード群であり，プラグインごとに 1 つのディレクトリにまとめられる。プラグインは，プラグイン型を表す名前とディレクトリ名をアンダースコアでつないだ名前で識別される。上述のウィークリー・フォーマットを実現するプラグインは，コースフォーマットを表す format とプラグインのディレクトリ名である weeks をつないだ format_weeks

という名前である。同様に活動完了レポートを実現するプラグイン名は，report_progress である。プラグインは，共通した決まりの他，プラグイン型に応じて決められた作法に従って作成する。Moodle は，プラグインに対して機能拡張のための API を提供する。API は，権限（パーミッション）の確認を抽象化する Access API，データベースの読み書きを抽象化する Data manipulation API，など役割に応じてまとめられている。

ここでは，標準規格，外部連携，学習データといった観点から，いくつかのプラグインを紹介する。いずれも標準添付のプラグインである。

■活動モジュール – LTI（mod_lti）

mod_lti は，LTI（Learning Tools Interoperability）（IMS Global Learning Consortium, Inc. 2012）をサポートする学習ツールを利用するための活動モジュールである。LTI とは，LMS のような学習システムと外部の学習ツール（たとえばテスティング・システム）を連携させるための標準規格である。学習ツールを起動するときに学習者の情報を渡す方法や，学習成績を LMS に戻す方法などが規定されている。比較的新しい規格であり日本での採用例は少ないが，海外においては多くの LTI 準拠の学習システムや学習ツールが開発されている。Moodle は LTI v1.0 と v1.1 の認証を受けており，LTI v2.0 への対応も進められている。

■活動モジュール – SCORM パッケージ（mod_scorm）

mod_scorm は，SCORM コンテンツを動作させることができる活動モジュールである。SCORM 1.2に対応しているが，最新版の SCORM 2004 には対応していない。SCORM については，後に詳しく述べる。

■認証プラグイン – CAS サーバ（SSO）（auth_cas）

auth_cas は，CAS（Central Authentication Service）によりユーザ認証を行うためのプラグインである。CAS とは，シングルサインオンのプロトコルの名称であり，オープンソースの実装も行われている。シングルサインオン環境では，いずれかのシステムに一度ログインすれば，異なるシステムへ移動したときに自動的にログインすることができる。CAS を使ってログインするユーザが初めて Moodle を利用する場合，アカウントが自動生成される。ユーザ情報

は，LDAP サーバから取得したり，ユーザに入力させたりできる。

■リポジトリ – Wiki メディア（repository_wikimedia）

　repository_wikimedia は，ウィキメディア・コモンズにアップロードされたファイルを利用するためのリポジトリプラグインである。Moodle では，ファイルピッカと呼ばれるインタフェース上で，リポジトリを指定してファイルの検索や選択を行う。たとえば，コースに「ファイル」リソースを追加する時のファイルピッカで，リポジトリとして Wiki メディアを指定すれば，ウィキメディア・コモンズをキーワード検索できる。検索結果を選択すると，ファイルが Moodle に取り込まれる。

■ポートフォリオ – Mahara e ポートフォリオ（portfolio_mahara）

　「ポートフォリオ」型のプラグインを用いると，Moodle で行った学習の成果物を外部リポジトリにエクスポートできる。portfolio_mahara は，オープンソースの e ポートフォリオシステムである Mahara にエクスポートするためのプラグインである。Moodle も Mahara も多機能であり重複している機能も多いが，Moodle はコースが中心のシステム，Mahara は個人（学習者）が中心のシステムである。学生は，Moodle のコースで提出した課題やフォーラムへの投稿などを Mahara にエクスポートすることにより，個人の成果として管理できるようになる。Moodle と Maraha を連携したシステムは，Mahoodle と呼ばれる。

1.1.5　SCORM 2004 プラグイン

　SCORM（Sharable Content Object Reference Model）は，米国の ADL（Advanced Distributed Learning）が策定した Web ベースの e ラーニングシステム・コンテンツの標準規格である（仲林 2012）。主要なバージョンには，2001年に策定された SCORM 1.2 と，2004年に策定された SCORM 2004 があり，2014年現在，どちらも広く利用されている。SCORM 2004 では，ページの提示順序を制御するシーケンシングと呼ばれる機能が採用された。たとえば，合格するまで先に進めない，内容を習得済みのページは飛び越す，などの制御が行える。

第Ⅰ部　eラーニング

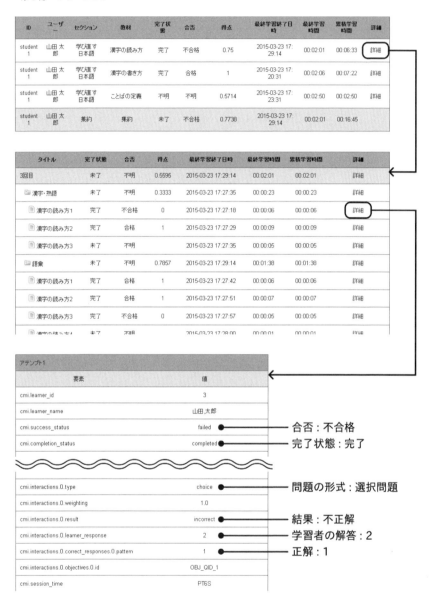

図 1-1-4　block_elecoa_grades による SCORM の成績表

ここでは，SCORM 2004 対応の活動モジュールである mod_elecoaを紹介する。mod_elecoa を用いれば，シーケンシング規格を利用した SCORM 2004 コンテンツが正しく動作する。SCORM コンテンツは，最終的な評点以外に，多くの学習履歴データをもっている。ブロックプラグインである block_elecoa_grades を用いれば，コース内の mod_elecoa インスタンスの成績を横断的に閲覧できる。図 1-1-4 に，block_elecoa_grades による SCORM の成績表の画面を示す。一番上の表は，SCORM コンテンツごとに集約した成績である。「得点」列の値が，Moodle の評定表に記録される評点に等しい。各コンテンツの「詳細」を選択すると，コンテンツの学習回ごとに，詳細な成績が閲覧できる。この画面で各ページの「詳細」を選択すると，SCORM のもっとも細かい粒度の学習履歴データであるランタイム環境データが閲覧できる。図 1-1-4 の一番下の表は，「漢字の読み方」という教材の 3 回目の学習における，「漢字の読み方 1」というページのランタイム環境データである。このページには選択問題が 1 つあり，正解が「1」，学習者の解答が「2」，解答の結果が「不正解」，ページ全体の合否が「不合格」であることなどが分かる。

　mod_elecoa は，図 1-1-5 の左半分に示す ELECOA (Extensible Learning Environment with Courseware Object Architecture) と呼ばれるアーキテクチャ（仲林・森本 2012；森本ほか 2015）がベースとなっている。ELECOA では，コンテンツの機能は，教材オブジェクトと呼ぶプログラム部品によって実現する。SCORM 同様に階層型のコンテンツを対象としており，コンテンツの各ノード[2]に教材オブジェクトを配置する。ELECOA では，教材オブジェクトを追加することにより，新しい機能をもったコンテンツを実現できる。また，教材オブジェクトと ELECOA プラットフォーム間のインタフェースが標準化されているため，ELECOA 対応の LMS 間で教材オブジェクト（とそれを利用するコンテンツ）を相互運用できるという特徴を持っている。mod_elecoa は，ELECOA プラットフォームと SCORM 2004対応の教材オブジェクトを備えた Moodle のプラグインと考えることができる（図 1-1-5）。

　プラグインは，三種の学習データの管理を Moodle に委託している。mod_

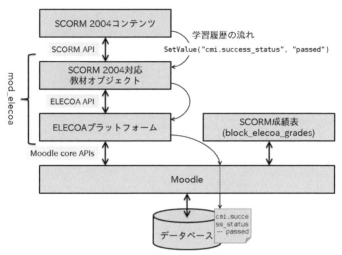

図1-1-5　ELECOAのアーキテクチャと学習履歴の流れ

elecoaを例に，Moodle本体とプラグインとのやりとりを，三種の学習データの観点から説明する。

　mod_elecoaにおける活動とは，コンテンツの実行である。活動が選択されると，プラグインは，Moodleにコンテンツのマニフェストファイル（教材定義ファイル）を要求する。プラグインは，受け取ったマニフェストファイルに従って初期設定を行い，学習者にページを配信する。ここまでがコンテンツの起動であるが，より細かい粒度では，ページやその中で使われている画像もコンテンツである。これらも，MoodleのAPIを使ってMoodleから取り出す[3]。

　コンテンツを起動した学習者の情報もMoodleが管理している。SCORMコンテンツがLMSから情報を得るためには，SCORMのAPIであるGetValueメソッドを利用する。学習者名を表すSCORMのデータ要素は，cmi.learner_nameである。コンテンツが，GetValue ("cmi.learner_name") を発行すると，学習者名が得られる。このとき，プラグインは，Moodleのグローバル変数が保持する学習者の名前を参照し，コンテンツに渡す。

　学習履歴もMoodleに保存されるが，これにはいくつかの種類がある。まず，コンテンツの起動時に，プラグインは，MoodleのAPIを利用して，活動を

起動した旨のログを記録する。学習中の SCORM コンテンツは，規格で定められた形式のデータをもっており，LMS との間でやりとりを行う。SCORM コンテンツがデータを更新するためには，SetValue メソッドを利用する。あるページに合格したときは，SetValue ("cmi.success_status", "passed") を発行すればよい。SetValue メソッドを受け取ったプラグインは，Moodle の API を利用して，データの読み書きを行う[4]。図1-1-5には，コンテンツが SetValue メソッドを発行し，Moodle のデータベースに記録されるまでの流れを示している。コンテンツの学習を終了すると，プラグインは，Moodle の評定表に評点を書き込む。上述の通り，SCORM コンテンツ全体を集約した得点が評点である。

　コンテンツをコースに追加する際や，学習履歴を閲覧する際も，同様に学習データのやりとりを行っている。たとえば block_elecoa_grades は，mod_elecoa が記録した学習履歴を Moodle 本体経由で取得し，整形して表示している。

1.1.6　協調学習への応用

　ELECOA は教材オブジェクトによって柔軟に機能拡張を行うためのアーキテクチャであり，mod_elecoa に教材オブジェクトを追加すれば，新たな機能をもったコンテンツを動作させることができる。ここでは，協調学習への応用を紹介する。異なる学習者が起動したコンテンツの教材オブジェクト同士が通信することにより，協調学習を行うコンテンツを実現できる。このためには，他の学習者が起動したコンテンツと情報交換を行う機能や，共通の学習ツール（フォーラムなど）を利用する機能などを備える教材オブジェクトが必要である。ELECOA では，コンテンツの構造，配置する教材オブジェクト，およびその設定により，さまざまなシナリオの協調学習に対応できる。以下では，協調作問学習への適用例を紹介する（Nakabayashi & Morimoto 2014）。学習者が問題を作ることにより学習効果が高まることは古くから知られており，近年はシステムを用いた作問学習も行われている。協調作問学習では，協調学習の要素を取り入れ，学習者同士が議論しながら，作成した問題を洗練させていく。mod_ elecoa を用いた協調作問学習のコンテンツでは，学習者が問題を作成し，その問題に対して，同じグループに属する学習者が議論を行う。作問と議論は，コンテンツから起動される外部のサービスを利用する。Moodle 本体とプラグインとの通信は，前述の内容に加えて，グループの判定などが加わる。作問者であれば問題の編集ができ，作問者と同じグループに所属していれば問題を閲覧できる，などの制御を行う。SCORM 用の教材オブジェクトと協調学習用の教材オブジェクトを用いることにより，独習と協調学習を組み合わせたコンテンツを作ることもできる。SCORM で事前学習を行い，ある期日以降に，または SCORM の完了を条件に，協調学習のステージへ進むシナリオなどが実現できる。これは，Moodle のコース上にリソースや活動を配置し，利用制限機能などを用いて制御していた学習の流れを，1つのコンテンツの中で実現していると考えることができる。

注
1) e ラーニングという用語は2000年ごろから使われており，Web 2.0 は2005年，クラウドは2006年，ビッグデータは2010年ごろから使われている。
2) ツリー構造の根・節・葉。葉はページに相当する。
3) プラグインが取り出すのではなく，Web ブラウザが直接 Moodle 本体にアクセスする。
4) 必ずしも SetValue メソッドに同期して実行されるわけではない。

参考文献
青木久美子（2012）『e ラーニングの理論と実践』放送大学教育振興会.
IMS Global Learning Consortium, Inc. (2012)『IMS Global Learning Tools Interoperability™ Implementation Guide Final Version 1.1.1』
井上博樹（2013）『Moodle 2 ガイドブック――オープンソースソフトウェアでオンライン教育サイトを構築しよう』海文堂出版.
Rice IV, W. H.（著），喜多敏博・福原明浩（訳）(2009)『Moodle による e ラーニングシステムの構築と運用』技術評論社.
森本容介・仲林清・芝崎順司（2015）「ELECOA における教材オブジェクト・プラットホーム間インタフェースの設計と実装」『電子情報通信学会論文誌』J98-D(6)：1033-1046.
仲林清（2002）「教育支援システムの技術標準化動向」『人工知能学会誌』17(4)：465-470.

仲林清 (2012)「技術標準化とシステム開発」矢野米雄・平嶋宗 (編著)『教育工学選書 4 教育工学とシステム開発』ミネルヴァ書房.

仲林清・森本容介 (2012)「拡張性を有する適応型自己学習支援システムのためのオブジェクト指向アーキテクチャの設計と実装」『教育システム情報学会誌』29(2)：97-109.

Nakabayashi, K., and Morimoto, Y. (2014) "Applying an Extensible Learning Support System to Learning by Problem Posing," *Proc. of the 22nd International Conference on Computers in Education*, 325-330.

1.2 Sakaiを基盤としたオンラインコースウェアの運用

梶田将司

1.2.1 大規模・研究大学における教育学習情報環境としてのSakai

　Sakai は、University of Michigan, Indiana University, Massachusetts Institute of Technology, Stanford University がそれまで独自に開発・運用してきたコース管理システム（Course Management System, CMS）あるいは学習管理システム（Learning Management System, LMS）と呼ばれるウェブベースの教育学習支援システム（梶田 2005）をリファクタリング[1]し、共通に利用可能なプラットフォームとしてオープンソース化することを目的に、2004年から開発が始まったプロジェクトである（Severance 2013）。Sakai プロジェクト[2]には、「開発後、各大学が実際の教育現場で使われる全学システムとして運用すること」を前提に、Andrew W. Mellon Foundation が2,300万ドルの助成金を提供するとともに、各大学が独自の人的・資金的リソースを提供し、総額500万ドルを越えるプロジェクトとして2年間実施された。

　米国の大学ではその当時、教育を行うための基盤的な情報システムとしてCMS/LMS を位置づけるのが当たり前になっており、実際、90％を越える大学が学内で標準化された CMS/LMS を全学的に利用するまでになっていた（The Campus Computing Project）。その結果、1990年代後半に雨後の竹の子のように開発・利用されていた数多くのeラーニングシステムは、Blackboard やWebCT のような、ユーザ認証基盤連携、教務情報システム連携等の学内の他システムとの連携や大規模利用等、全学的な利用を前提とした商用システムが市場を席巻したが、企業合併・製品打ち切りを通じて[3]、最終的にはBlackboard 社が CMS/LMS マーケットの支配的ベンダーとなった（Phil 2012）。

　2006年には、Sakai プロダクトの開発支援（課題管理やドキュメント化、メーリングリスト等のコミュニケーション支援等）、年次カンファレンス等を通じたコミュニティ形成・維持を主目的として、NPO 法人 Sakai Foundation が設立さ

第 1 章 オンラインコースウェアと LMS

図 1-2-1 Sakai ロゴ.

れ，研究大学を中心に100を越える大学・企業が年会費1万ドル以上を拠出し会員となった。その後，大学情報システムで Java を用いることを主眼に2000年に組織化された JA-SIG (Java Administration Special Interest Group) (カッツ 2010) を NPO 法人化した Jasig Foundation との合併（2012年）を通じて Apereo Foundation として現在に続いている[4]。このように，Sakai プロジェクトが開始されて10年以上が過ぎたものの，大学における情報環境に求められる要件を取り込みながら，Sakai はコミュニティとともに発展している (Severance 2013)。

本節では，大学情報環境を取り巻く2000年頃からの歴史的背景や筆者の私見を交えながら，Sakai の本質的な側面として，(1)テクノロジー，(2)教育学習支援，(3)コミュニティ，および，今後の動向のうち最も注目されている，(4)ラーニングアナリティクス，についてまとめる。

1.2.2 Sakai テクノロジー

2004年から10年以上にわたり開発が続けられている Sakai は，正式には "Sakai Collaboration and Learning Environment (CLE)" と呼ばれており，2009年頃から開発が始まった "Sakai Open Academic Environment (OAE)"[5] とは区別されている。

Sakai CLE は，Java Servlet 規格に基づくウェブアプリケーション群で，ウェブアプリケーションで標準的に用いられる MVC (Model-View-Control) モデルに従って構築されている Sakai ツール群と，ツール群から参照される

Sakai カーネル，および，各種 Sakai サービス群により構成される。

① View レイヤ

- CHEF プロジェクトにおいて，Apache Velocity Template[6] が使用されていたこともあり，ポータル機能，サイト管理機能，リソース管理機能等では，Velocity が使用されている。
- テスト・クイズツールや OSP ツール群等，Sakai プロジェクト開始後に組み込まれたツール群は JavaServerFaces（JSF）や JavaServerPages（JSP）も多く使われ，英国 Cambridge University が開発した ReasonableServer Faces（RSF）や Apache Wicket を利用するツール群もある。
- ウェブブラウザで実行される jQuery JavaScript ライブラリも多用されている。
- 大学独自の Look & Feel を提供するためのメカニズムも用意されており，スキン設定を変更することにより，カスタマイズが可能である（図1-2-2参照）。
- 各 Sakai ツール群は，ツール独自のビューを提供するため，インラインフレームで表示されてきたが，2016年リリース予定の Sakai 11 からは New York University が開発した MORPHEUS（Mobile Optimized Responsive Portal for Higher Education Using Sass）によりインラインフレーム方式は廃止される。

② Control レイヤ

- Java により記述されるが，ちょうど2004年頃に普及した Dependency Injection（DI）フレームワークである Spring を多用しており，Sakai ツール群にしても Sakai サービス群にしても，API（Application Programming Interface）とその実装を明確に分離し，Spring により実行時にどの実装を使うかが決まるようになっている。
- この結果，Sakai プロジェクトが始まる少し前，Andrew W. Mellon Foundation の助成を受けたプロジェクト MIT Open Knowledge Initiative（Collier and Robson 2002）が掲げた「API による実装の分離による，複雑化する大学情

第 1 章　オンラインコースウェアと LMS

図 1-2-2　京都大学の PandA スキン・学生公募により選ばれた

報システムのコンポーネント化」の成果である OSID API の導入は，リポジトリ等一部の限定的なものとなった。

- Sakai カーネルが提供するユーザ管理，パーミッション，キャッシュなどの基本的なサービスや，(1)科目情報や履修情報を取り扱うコース管理サービスやセクション情報サービス，(2)成績を扱う成績簿サービス，(3)電子メール通知機能で使用されるメッセージテンプレートサービス機能，(4)ツールでの各種操作履歴を取得するためのイベントハンドリング機能，などが提供されており，Sakai ツールから利用できるようになっている。
- イベントハンドリング機能を通じて，各種ツールの利用状況が RDBMS（Relational Database Management System）の SAKAI_EVENT テーブルに保存されるようになっている。

図1-2-3　GitHubで見たSakaiへのコントリビューション

③ Modelレイヤ

- Sakaiのデータモデルは，Object-Relation MapperであるHibernateフレームワークの利用を前提にPOJO（Plain Old Java Object）として記述される。
- Sakaiサーバの全体挙動を設定するsakai.propertiesにおいてauto.ddlをtrueとすることで，必要なデータベーススキーマの変更が自動的に行われるようになっている。
- Hibernateにより，Java Database Connectivity（JDBC）の利用と比べ，SQL（Struc- tured Query Language）での記述量は極めて少なくなっており，HQL（Hibernate Query Language）で十分に記述できる。
- Hibernateにより，MySQLやOracle等のRDBMSの違いを吸収できるようになっている。

④ その他

- Sakaiを運用するためには，Apache Tomcat等のServletコンテナへのWAR（Web Application Archive）ファイルやJAR（Java Archive）ファイル等の配備（デプロイ）が必要になるが，Javaソースコードのコンパイル（ビルド）も含め，Sakaiのビルド・デプロイにはApache Mavenが使われており，

```
$ mvn clean build sakai:deploy
```

により行われる。

- Sakai のソースコードは，長年，Subversion で管理されてきたが，Sakai 10 からは最新ソースコード群 trunk が GitHub で管理，Subversion を通じてリリースされるようになり，Sakai 11 からはすべてのソースコードが GitHub で管理・リリースされることになっている（図 1-2-3 参照）。原則，リリースは年 1 回で，リリースバージョンを含む 2 つ前のバージョンまで保守することになっている。
- Sakai のソースコードは，Apache License の特許に関する条項を緩和し，各大学が特許を有する場合に配慮した Educational Community License（ECL）で配布されている。
- 不具合や機能強化に関する要望等の Sakai の課題管理には Atlassian 社の Jira が採用され，会員にしか開示されないセキュリティ課題以外はすべて公開されている。
- 各大学が提供する QA（Quality Assuarance）サーバが用意されており，Nightly ビルド管理等も行われている。
- 国際化は，コアツール群として組み込まれるための必須条件となっており，Java のロケールに応じたリソースバンドルの切り替え等により，言語表示が切り替えられる。
- IMS Learning Tool Interoperability（LTI）の Producer および Consumer に対応しており，外部ツールを LTI により利用できる。また，テスト・クイズに関する標準規格である IMS QTI や LMS/CMS プラットフォーム間でのデータ移行を目的とした標準規格 IMS Common Cartridge にも対応している。

1.2.3　Sakai による教育学習支援

Sakai は，「ワークサイト」と呼ばれる単位でユーザ管理・パーミッション管理・ツール管理・リソース管理等がなされ，授業利用のための「コースサイト」，さまざまなグループ利用のための「プロジェクトサイト」，そして，e ポートフォリオ利用のための「ポートフォリオサイト」で構成されている。各

サイトで利用できる Sakai ツール群はあらかじめ決めることができるようになっており，ワークサイト種別毎に用意されているロールに従って，各ツールの機能に利用制限がかけられるようになっている。

他の CMS/LMS と同様に，Sakai のコースサイトでは，教務システム (Student Information System) と連携し，科目情報や履修情報を共有して使用される。これにより，教員や学生は履修登録が完了すれば Sakai をすぐに利用できるようになる。成績データを教務システムと連携することもできるが，大学毎に考え方が違うため必須ではない。

Sakai ツール群としては，コースサイトやプロジェクトサイトで利用されるコースツール群，ポートフォリオサイトで利用される e ポートフォリオツール群に大まかに分けることができる。

① コースツール群

初期の頃（Sakai 1.0 や 1.5）の Sakai の機能は，「お知らせ（Announcement）」ツール，「カレンダー（Schedule）」ツール，「チャット（Chat）」ツール，「リソース（Resource）」ツール，「メールアーカイブ（Mail Archive）」ツール等，コラボレーションやグループウェア関係のものが主であった。これは，Sakai プロジェクトのリーダである University of Michigan が Sakai プロジェクトの前に行っていた CHEF（CompreHensive collaborativE Framework）プロジェクト自体が，コラボレーションやグループウェア関係の機能をベースとしたロータス社の Notes を用いた CMS/LMS を置き換えるために開発されていたためである。しかしながら，Stanford University による Samigo とも呼ばれる「テスト・クイズ（Test & Quiz）」ツールや，University of California, Berkeley, MIT による「成績簿（Gradebook）」ツール，Etudes コンソーシアムによる教材作成・配信用の Melete と呼ばれる「モジュール（Module）」ツール等，次第に教育学習を支援するためのコースツール群が充実しはじめ，Georgeia Institute of Technology や University of California, Davis 等の WebCT 等からの乗り換え組が Sakai プロジェクトに参画するようになるにつれ，いわゆるコースツールの機能が強化されていった（Severance 2007）。2010年頃からは，

Rutgers University により，教材のオーサリング閲覧ツール・として「授業 (Lesson)」ツールの開発が開始され広く使われている。

② eポートフォリオツール群

　Sakai への助成金を提供した Andrew W. Mellon Foundation と rSmart 社の共同助成として支援を受け，Indiana University がリーダーシップをとった OSPI (Open Source Portfolio Initiative) は，資金的支援の終了後も継続的な開発を行うために，Sakai プロジェクトにマージされ，「ポートフォリオ (Portfolio)」ツール，「フォーム (Form)」ツール，「マトリクス (Matrix)」ツール，「レポート (Report)」ツール等の e ポートフォリオ機能が Sakai にもたらされることになった（スミス 2012）。Indiana University は，Sakai の「課題 (Assignment)」ツールを改良し，ルーブリックに従った学びのエビデンス集積のための機能強化を行っている。

　これら以外にも，「シラバス (Syllabus)」ツール，「意見調査 (Poll)」ツール，「ウィキ (Wiki)」ツール，「統計情報 (SiteStats)」ツール，「メール (Mail)」ツール，「ブログ (Blog)」ツール等，さまざまなツールが開発されて利用されている。実際どこまで使われるかは，コースツール群については科目担当教員次第であり，

1．授業資料の提供
2．お知らせ
3．課題レポートの提出・採点・返却
4．オンラインテスト

のような教え方を根本的に変えることなく使えるツール群が使われるのが一般的である（岡田 2014）。言い換えれば，これまでの10年は従来型教育スタイルの「デジタル化」に過ぎないといえよう（図1-2-4参照）。

　一方で，eポートフォリオツール群は，カリキュラムワイドな利用が前提となるため，教育プログラムを提供する組織的な取り組みが前提となる。2003年に University of Minnesota からはじまった OSPI により，一気にeポートフォリオがブームになり，その流れの中で Sakai のポートフォリオ機能も多

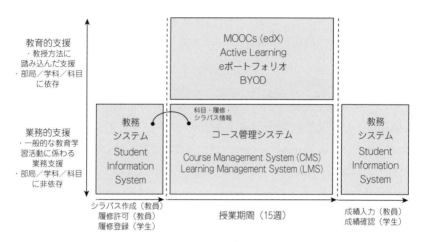

図1-2-4 これまでの10年は従来型教育スタイルの「デジタル化」に過ぎない

くの大学で実装されたが，eポートフォリオそのものの難しさが明らかになるにつれてブームが去りつつある。その結果，継続的な開発を行うコミュニティが維持できなくなったこと，利用されているテクノロジー（XSLTやJSF 1.X）が古くなっていること等により，残念ながら，2016年にリリース予定のSakai 11からは，ポートフォリオ関係の機能は削除されることになっている。

1.2.4 Sakai コミュニティ

Sakaiコミュニティの特長は，オープンソースプロジェクトによくある個人ベースのアクティビティではなく，大学の組織的な関与によるアクティビティにある。これは，各大学の教育を支える基盤的な情報システムとして利用されるSakaiへのコミットメントをFoundationメンバーとして明確にすることで，継続的な開発や保守をコミュニティ全体で保証するためである。すでに述べたように，現在は，Sakai Foundationの後継組織であるApereo Foundationと合併したものの，基本的な考え方は変わっていない。

ここでは，オープンソースコミュニティとしての(1)ライセンシング，(2)コントリビューション，(3)エコシステム，の3つの側面からSakaiコミュニティの特徴まとめる。

① ライセンシング

　オープンソースコミュニティにおいて，よく使われるライセンスは，Apache License や GNU Public License（GPL），MIT License 等があるが，Sakai プロジェクトと同じく Andrew W. Mellon Foundation の助成金を得て立ち上がった uPortal プロジェクトの成功の大きな要因であった「開発段階からの民間企業の参画」の重要性を鑑み，すでに述べたように Sakai では Apache License に基づいた Educational Community License が採用されている。ECL は Apache License と同様に GPL が規定する「コピーレフト」という追加コード等の派生物の公開の必要がなく，民間企業としてもコミュニティの一員としてオープンに開発しつつ，コミュニティとは共有しない独自開発の部分については権益を守ることができる（梶田 2009）。大学としても，開発要員や運用要員が十分に確保できない場合，民間企業との連携は必須であり，大学・企業双方が参画しやすいエコシステムを意識することは重要である[7]。

② コントリビューション

　前述の配布時のライセンシングにも深く関係するが，会員の大学・企業から受け付けるコントリビューションについては，Sakai にコントリビュートされるコード等の人工物に対する知的財産権を明確にし，Apereo Foundation による ECL での再配布・再利用ができるようにするだけでなく，Sakai を利用する大学・企業の権利も守るため，Apache Foundation にならい，コントリビュート時のライセンシングも明確にされている。具体的には，所属組織の知財担当者が提出する Corporate Contributor License Agreement（CLA）と実際にコントリビューションを行う個人が提出する Individual CLA 提出が必要になる。これにより，GPL 等の他のライセンスに基づくコントリビューションや，知的財産的に問題のあるコントリビューションが紛れ込まないよう，法的な面でも ECL での配布が保障される（図 1-2-5 参照）。

③ エコシステム

　Sakai プロジェクトは，University of Michigan や Indiana University 等，

第Ⅰ部　eラーニング

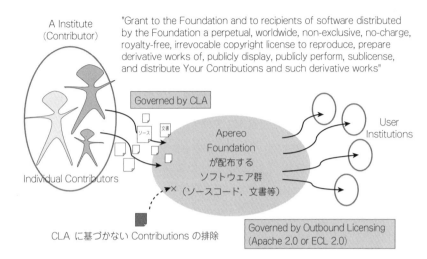

図1-2-5　コントリビューションの安全な利活用を促進するための CLA

開発要員を多数抱える大規模研究大学がプロジェクト開始以降，長年にわたり牽引してきた。その結果，Sakai プロダクトと年2回の頻度で開催されるカンファレンスを基軸にコミュニティは拡大し続け，2008年にはパリで開催されるまでにグローバルなコミュニティに成長した。その後，リーマンショックによる経済低迷の影響もあり，2008年以降は年1回のカンファレンスとなっている。一方で，ユーロ，オーストラリア，スペイン，メキシコ，日本など，各地域毎のカンファレンスも開催されるようになっている。

我が国では，名古屋大学，法政大学により Ja Sakai コミュニティが2008年に組織化され，その後も，新日鉄住金ソリューションズ株式会社や兼松エレクトロニクス株式会社，京都大学等が会員になる中で，毎年開催されている。また，2012年のからはアンカンファレンスも開催されるようになり，単なる研究・実践発表だけでなく，開発・運用に関するより密接な情報交換もなされるようになっている（東京理科大学 2009-10）。さらに，グローバルカンファレンスの参加報告（たとえば梶田ほか（2008））も情報処理学会教育学習支援情報システム研究会（通称「CLE」研究会）において行ったり，共同で科学研究費を取得し国際化に貢献するプロジェクト（TMX プロジェクト）も行われている。

最近では，CMS/LMS のコモディティ化によるコスト削減が求められており，クラウドサービスの利用等，大学としての方針の見直しにより，主要なコミュニティメンバは変わってきているが，逆に，インキュベーションを通じた新たなプロジェクトが立ち上がったり，個人会員資格が検討され始めるなど，これまでにない多様なエコシステムに移行し始めている。

1.2.5　Sakai とラーニングアナリティクス

現在，CMS/LMS の活用の進展は教育学習活動の可視化をもたらし始めている（梶田 2014）。しかも，BYOD（Bring Your Own Device）のような PC 必携化は，さまざまなサービスのクラウド化も相まって，これまで利用が限られていた普通教室での PC の利用や，アクティブラーニングのような新たな教授法の試みとともに CMS/LMS の利用が広がろうとしている（梶田 2015）。この結果，大学教育における教育学習活動に関する大量のデータが CMS/LMS をはじめとした大学の情報システムに蓄積されつつあり，それらを教育学習活動の改善に生かそうという取り組みが「ラーニングアナリティクス」として世界中のさまざまな大学で始まろうとしている。

Sakai も，教育学習活動に関わるさまざまなデータを取得する「センサー」としての位置づけが明確になってきており，Apereo Open Learning Analytics Initiative や IMS Global Learning Consortium の Caliper Analytics のようなオープンソースかつオープンスタンダードなアプローチが強化され始めている。

① Apereo Open Learning Analytics Initiative

Marist College, University of Amsterdam, Unicon 社が2014年に開始されたイニシアチブで，Learning Analytics Processor, OpenLRS, OpenDashboard の3つのインキュベーションプロジェクトが Apereo Foundation 内で活動している[8]（Jayaprakash et al.）。これらは，Sakai で収集されたデータを Tin Can API や Caliper により，Learning Record Store（LRS）としての OpenLRS に保存し，Learning Analytics Processor により処理されたデータを OpenDashboard で学生や教員に可視化しようとするものである。教育学習活動に関わるデータ

は，CMS/LMS 以外の教務システムやビデオ閲覧システム，e ポートフォリオシステム，あるいは，MOOC（Massive Open Online Course）プラットフォーム等，さまざまなシステムで収集される可能性があるが，これらのシステムからデータを取得するためのオープンなセンサーや LRS は，個別システムにはデータがあるが他のシステムで利用できないという「データのサイロ化」を防ぎ，特定のベンダーへの依存を排除するためにも，多様なシステムが存在する大学情報環境においては極めて重要である（Jayaprakash et al. 2015）。

② IMS Caliper Analytics

IMS Global Learning Consortium は大学や企業が構成する NPO 組織で，高等教育や K12（米国の初等・中等教育）における Educational Technologies の標準技術を策定する機関である。Caliper Analytics は2014年から開始された新しい規格で，現在は，センサーで必要となるプロファイルの最初の規格策定の最終段階にあり，Draft が2015年10月に公開された。Caliper には，米国における主な LMS/CMS ベンダーが参加するとともに，University of Michigan も強力にサポートしている。特に，規格に則った実装をオープンソースとして作成しながら仕様化が進められており，センサープロファイル以外の規格の策定については現在のところ具体的なスケジュールは明確にされていない。

注
1) 同じ機能を違う実装で作り替えること。
2) 当時米国で話題のテレビ番組だった「料理の鉄人」の "Chef Sakai" が Sakai プロジェクトの名前の由来。Sakai プロジェクトを牽引した University of Michigan の以前のプロジェクト CHEF にちなみ，「CHEF の後だから Sakai」という冗談みたいなネーミングになっている。Sakai プロジェクト初代会長の Joseph Hardin（University of Michigan）が2005年に日本を訪問した際，Chef Sakai に会いに行ったという逸話があるくらい本当のことである。初期のプロジェクトリーダーたちは，Sakai ロゴ（図1-2-1参照）を付したシェフハットを懇親会等で被っていた。
3) 今でもよく憶えているが，毎年 7，8 千名が集う EDUCASE の2005年度年次カンファレンスでは，2 大 CMS/LMS ベンダーであった Blackboard 社による WebCT 社の買収への不安感と，オープンソース CMS/LMS としての Sakai への期待感が入り乱

4) 筆者は現在 Apereo Foundation の Board メンバーでもある。
5) 現在では，Apereo OAE に改称されている。
6) 動的な HTML を生成するための仕組み。各ページのひな形（テンプレート）を用意し，動的に変わるデータが HTTP リクエストレスポンスサイクルの中で随時埋め込まれる。
7) GPL の場合，一部コードをオープンソース化しないことによる新たなベンダーロックインを生み出すことが指摘されている（Severance 2014）。
8) 2015年8月現在。

参考文献

Apereo Foundation   http://apereo.org/

The Campus Computing Project   http://www.campuscomputing.net

Charles Severance (2013) "Sakai: Building an Open Source Community: Building and learning together"   http://www.dr-chuck.com/sakai-book/

Charles Severance (2007) "Sakai Foundation Overview", 7th Sakai Conference, Amsterdam, Netherlands, 12-14 June 2007   http://confluence.sakaiproject.org/confluence/x/gqc,

Collier, Geoff and Robson, Robby (2002) "What is the Open Knowledge Initiative?" http://web.mit.edu/oki/learn/whtpapers/OKI white paper 120902.pdf

Hill, Phil (2012) "State of the Higher Education LMS Market: A Graphical View". http://www.deltainitiative.com/bloggers/state-of-the-higher-education-lms-market-a-graphical-view

ジャニス・A・スミス，梶田将司・足立昇（訳）(2012)「Sakai Open Source Portfolio (OSP) ツール」小川賀代・小村道昭（編著）『大学力を高めるeポートフォリオ——エビデンスに基づく教育の質保証をめざして』東京電機大学出版局，140-154.

IMS Global Learning Consortium, "Caliper Analytics".   http://www.imsglobal.org/caliper/

Jayaprakash, S. M., Baron, J., Berg, A., Gilbert, G., Little, R. (2015) "Open Learning Analytics Architecture: An Apereo Perspective", 5th International Learning Analytics and Knowledge (LAK) Conference.   http://www.slideshare.net/SandeepMJayaprakash/lak-open-learning-analytics-panel-v3

梶田将司 (2005)「WebCT の歴史 (1.2節)，北米におけるオープンソースソフトウェアによる情報基盤整備の動向 (4.2節)，ユビキタス環境下での次世代 CMS の開発 (4.3節)」エミットジャパン編『WebCT——大学を変えるeラーニングコミュニティ』東京電機大学出版局.

梶田将司 (2009)「インターネットとオープンソースソフトウェア」松尾啓志（編著）『イン

ターネットと Web 技術――新インターユニバーシティ』オーム社，第11章.
梶田将司（2014）「Sakai を通じて考える大学教育ビッグサイエンスの可能性」Vol. 2014-CLE-14, No. 1, pp. 1-6, 情報処理学会第14回 CLE 研究発表会（於・東北大学，2014年10月24〜25日）.
梶田将司（2015）「教育学習活動支援のための情報環境を俯瞰する――ラーニングアナリティクスの効果的な利活用に向けて」『コンピュータ＆エデュケーション』38：39-42.
梶田将司・常盤祐司・児玉靖司・松葉龍一・宮崎誠・中野裕司（2008）「第 9 回 Sakai Conference 参加報告」情報処理学会教育学習支援情報システム第 9 回研究会, pp. 1-8（於・関西大学, 2008年 9 月11日〜12日）.
リチャード・N・カッツ（編），梶田将司（訳）（2010）『ウェブポータルを活用した大学改革』東京電機大学出版局.
岡田義広（代表事業者）（2014）「コミュニティで紡ぐ次世代大学 ICT 環境としてのアカデミッククラウド」最終報告書（文部科学省委託調査）． http://www.icer.kyushu-u.ac.jp/docs/ac/ac_report.pdf
Severance, Chuck (2014) "How to Achieve Vendor Lock-in with a Legit Open Source License Affero GPL" http://www.dr-chuck.com/csev-blog/2014/09/how-to-achieve-vendor-lock-in- with-a-legit-open-source-license-affero-gpl/
Tin Can API　http://tincanapi.com
TMX プロジェクト　http://www.sakaiproject.jp/tmx/
東京理科大学（2010）「特集　Sakai プロジェクト」『理大科学フォーラム』27(9)，6-11.

第2章

ユニークな e ラーニング利活用

2.1 遠隔学習システム

長谷川　忍

2.1.1 遠隔学習システムの概要

　情報量が爆発的に増大しているグローバルな現代社会においては，知識そのものに加えて，知識の伝達速度も求められている．こうした社会的要望の高まりから，時間や空間の制約を超えて学習機会を提供したり，学習の質を向上させたりすることを目的とした「遠隔学習システム」が注目されている（岡田 2007）．その意味するところは，「遠隔教育システム」や「遠隔授業システム」「e-learning システム」「WBT（Web-based Training）システム」等といった用語・概念と関連・重複があるが，本稿ではこれら全体を含む広義な概念として捉え，「ICT 技術を活用して地理的に離れた拠点を接続することにより，教育・学習の機会や質の向上を促進することを目的としたシステムの総称」と定義することとし，その技術的側面に焦点を当てて全体像を俯瞰したい．

　遠隔学習システムにはさまざまな形態が存在するが，その典型的なモデルを図 2-1-1 に示す．遠隔学習システムに共通して挙げられる特徴の一つが，講師側拠点と受講側拠点の間のコミュニケーション（講師から受講者への教授活動や受講者同士のコラボレーション活動など：図中の矢印）が図の中央にある遠隔学習システムを経由して行われることである．インターネットで扱うことができるデータ量が急速に増大したことと相まって，時間や空間を限定せずに「いつでもどこでも」学習を行える環境が身近なものとなりつつある．一方で，遠隔

第Ⅰ部　eラーニング

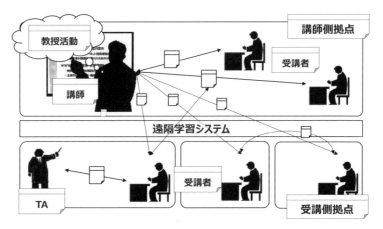

図2-1-1　遠隔学習システムを経由したコミュニケーションモデル

学習システムの構成や性能に起因する拠点間コミュニケーションの品質や頻度の制約により，通常の対面講義と比較して遠隔学習に対する臨場感や緊張感が低下することも指摘されている（田上 2008）。これらのことから，遠隔学習システムに関する研究は，拠点間コミュニケーションのためのインフラとしての研究から，コミュニケーションの品質や頻度をいかに改善し，遠隔学習そのものを促進するかを目指す研究にシフトしてきているといえる。

本節では，遠隔学習システムを議論する際の分類軸として，学習形態から見た遠隔学習のタイプ分け（三輪ほか 2001；長谷川ほか 2006）を参考に，拠点間コミュニケーションを時間軸で分類する「同期型 - 非同期型」と，受講者の空間的自由度で分類する「集合型 - 個別型」をそれぞれ採用した。以降では，図2-1-2に示す遠隔学習システムの事例を対象として，その構成要素や研究成果に基づき，拠点間コミュニケーションの改善という観点からどのような技術的展開を遂げてきたかについて議論するとともに，遠隔学習システムに関する実践的な設計方法論と今後の遠隔学習システム研究への期待について述べる。

2.1.2　同期型遠隔学習システム

同期型遠隔学習システムとは，映像・音声情報をリアルタイムに拠点間通信

第 2 章　ユニークな e ラーニング利活用

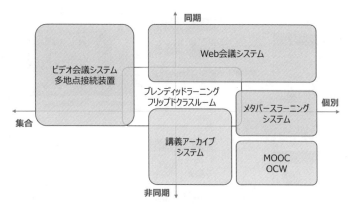

図 2-1-2　遠隔学習システムの分類

する機器を中核として，異なる拠点の講師や受講者が同時間帯にコラボレーションしながら学習活動を行うためのシステムである。国内における嚆矢としては，東京工業大学の 2 つのキャンパス間を光ファイバで接続した遠隔講義の例が挙げられる（清水ほか 1986）。また，1996 年に運用が開始されたスペースコラボレーションシステム（SCS）は，衛星通信を利用して講義や講演を広範囲に同報的に伝達するシステムとして，123 の高等教育機関で整備された大規模な事例の一つである（田中ほか 1999）。近年では，高等教育機関を接続する基幹回線網である SINET の運用拡大とブロードバンドネットワークの高速化・大容量化，専用機器によるビデオ会議システムの高性能化，PC ベースの Web 会議システムサービスの低価格化などに伴い，図 2-1-3 に示すような構成で遠隔学習システムが実現されている。表 2-1-1 に，ビデオ会議システムと Web 会議システムの主な特徴を比較したものを示す。

　ビデオ会議システムとは，自拠点の映像音声を収録するカメラ・マイク，他拠点の映像・音声の出力，アナログ／デジタル信号変換やデジタル信号の送受信を行うコーデックといった機能を比較的小さな筐体にまとめた専用機器である。映像・音声の送受信にあたっては，IP（Internet Protocol）ベースのマルチメディア・リアルタイム通信に関する標準規格である H.323 プロトコルや同じく IP ベースのテレビ会議・電話のための呼制御プロトコルである SIP プロ

第Ⅰ部　eラーニング

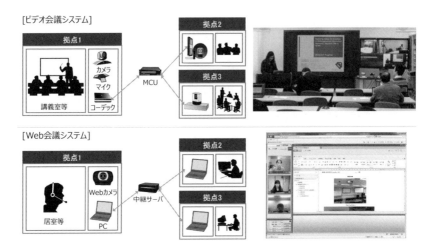

図2-1-3　ビデオ会議システムとWeb会議システムの構成例

表2-1-1　ビデオ会議システムとWeb会議システムの比較

	ビデオ会議システム	Web会議システム
接続	H.323，SIP等によるP2P 上下対称通信・互換性高 多地点接続にはMCUが必要	サーバ‐クライアント（独自規格） 上下非対称通信・互換性低 ライセンスによる多地点接続
性能	ハードウェアコーデック 専用DSPにより高品質・安定性	ソフトウェアコーデック クライアントCPU性能に依存
用途	集合・同期型	個別・同期型
機能	H.239によるデュアルストリーム エコー・ノイズキャンセラ	アプリケーション・ファイル共有 httpトンネリング
利点	高品質・安定性・低遅延	低価格・手軽・協調作業可

トコルに対応することで，ネットワークやプラットフォーム，アプリケーションから独立した形でP2P（Peer-to-Peer）による相互接続性が担保されている。2007年頃からHD（High Definition）品質の映像の送受信が可能な機種が市販されており，講義室や会議室にインテグレーションする集合・同期型の遠隔学習システムのインフラとして利用されている。

　Web会議システムとは，PC向けアプリケーションやWebブラウザに対す

るプラグインなどの形でコーデックが提供されるシステムであり，HTML 5ベースのリアルタイム通信プロトコルである WebRTC や専用プロトコルにより，サーバ‐クライアントで複数の端末を接続する仕組みとなっている。市販品だけでなく国立情報学研究所で開発された WebELS のようなオープンソースによるプロジェクトも存在しており（上野 2012），ビデオ会議システムと比較すると映像・音声の品質や安定性にはやや劣る傾向があるものの，ファイル共有や画面共有，チャット等といった拠点間のコラボレーションをサポートする機能を有しているため，個別（または少人数）・同期型の遠隔学習システムのインフラとして活用されている。また，近年ではゲートウェイを導入することで相互接続を行い，ビデオ会議システムと Web 会議システムのそれぞれの特徴を活かした運用の事例も報告されている（讃岐ほか 2015）。

　ここまでに述べてきた同期型遠隔学習システムの特徴から，これらのシステムが有効な場面を考えると，(1)複数拠点の受講者に教授活動を同時配信する場合，(2)講師や受講者の物理的移動が困難な場合，などにおいて学習機会の増加に資するものであると言える。しかしながら，学習効果の面から通常の対面講義と比較すると，講師側において受講側の理解状況や反応を把握することが困難であったり，受講側の臨場感（講師から見られている感覚）が低く緊張感を保ちにくいといった同期コミュニケーションに関わる課題も指摘されている（村上ほか 2001）。

　これらの同期型遠隔学習システムのコミュニケーション制約に関わる課題に対しては，映像面に関連する研究として，半透過スクリーン（ハーフミラー）を利用して他拠点の画面表示の後方にカメラを設置し，講師と受講者の間の視線を一致させることで臨場感を向上させる試み（田上 2008；谷田貝ほか 2011）や，複数のディスプレイを組み合わせることで大画面・高解像度表示が可能なタイルドディスプレイを利用して等身大による参加者の映像表示を実現させる試み（野田ほか 2015），没入型ディスプレイに広視野角映像を実時間で生成する手法（本多ほか 2006）等が提案されている。また，映像音声以外に物理的なデバイスや協調作業環境を活用することでソーシャルテレプレゼンスや遠隔協調活動を向上させる取り組みがさまざま行われている（田中ほか 2015；中澤ほ

か 2008；坂内ほか 2007など）。さらに，3D 仮想空間である SecondLife などといったメタバースを利用し，講師や受講者がアバタとして参加することでプレゼンスを向上したりスムーズなコラボレーションを促進しようとする研究も行われている（中平ほか 2011；坂東ほか 2009）。より実践的なアプローチとしては，スクリーンのレイアウトの工夫や学生向けのマイクを設置することで発言をしやすくするといった試み（長谷川ほか 2006），クリッカー的機能に利用履歴に基づくゲーミフィケーションを組み合わせた Web サービスによって大規模クラスにおける双方向コミュニケーションを支援する試み（鎌田 2013）等が進められている。

2.1.3 非同期型遠隔学習システム

非同期型遠隔学習システムとは，サーバ上に蓄積された学習コンテンツを中心として，コンテンツ作成や受講者状況管理のための講師関連機能，コンテンツ配信や理解状況確認テストのための受講者関連機能，コミュニケーションやコラボレーションのための共通機能等から構成されるシステムであり，受講者が異なる時間帯に自由な場所で学習することが可能となる。さらに，従来の対面講義に代表される，伝統的な教育観に基づく受動的な学習アプローチから脱して，学習者自身が学習目的を設定し，学習すべきコンテンツを選択し，学習プロセスを内省（リフレクション）しながら，知識として構造化することを繰り返す，主体的・構成的な学習を実現する上での重要な基盤となる。

非同期型遠隔学習システムは，1970年代に盛んに行われた個別学習の質的向上を目的とした CAI（Computer Assisted Instruction）研究から，1980年代の人工知能技術を応用して個人の能力に応じた学習支援を提供することを目的とした ITS（Intelligent Tutoring System）研究を経て，2000年代のインターネットの急速な普及に伴う e ラーニング研究とともに変遷してきた。

このような状況のもと，2001年にマサチューセッツ工科大学によってコンセプトが発表された OCW（Open CourseWare）は，高等教育機関におけるシラバスや講義ノート，スケジュールに加え，演習問題や試験問題，講義映像等の講義に関する情報をフリーかつオープンに公開する取組として発展を続けており

(福原 2010),2013年現在,OCW の国際的な推進組織である OCW 国際コンソーシアムにおいては,検索可能なコースの総数が9,000を超えるまでに拡大している (Opencourseware Consortium)。また,2010年代に大規模オンライン教育プラットフォームとして著しい発展を見せている MOOC (Massive Open Online Course) の典型的なコースでは,10〜15分に分割された動画講義に加えて,モチベーションの維持につながる受講者コミュニティや,達成度を確かめるためのオンラインテストなどを加えた総合的な学びが可能となっている(有料で修了証がもらえるオプションも存在する)。さらに,数十万規模の受講者によって蓄積される膨大な学習履歴をビッグデータとして活用することにより,新たなイノベーションを起こす可能性も指摘されている(永田ほか 2015)。

他節においてコンテンツおよび学習活動を管理する学習管理システム (LMS) やeラーニングにおける学習成果の測定を行うためのeテスティング技術が解説されていることから,本節では特に,講義室で行われる対面講義の映像・音声をデジタルデータとして収録し,非同期型遠隔学習システムのコンテンツとして活用するアプローチを講義アーカイブと呼ぶこととし,非同期学習システムにおけるコミュニケーションの媒介としての講義アーカイブの実現手法や品質向上,課題に焦点を当てて議論する。

講義アーカイブの実現手法については,図 2-1-4 に示す通りいくつかのレベルが想定される(長谷川ほか 2010)。最もシンプルな実現手法としては,90分の対面講義を教室後方からビデオカメラで収録し,ほぼそのままの形で配信する VOD (Video on Demand) コンテンツの開発が挙げられる。近年のフル HD カメラの普及により,こうした収録手法によって,受講者の復習用途に有用な講義アーカイブの生成が可能であるとの指摘がされている(亀田 2010)。ただし,このアプローチは収録のための初期投資や編集作業コストが比較的少なくて済む反面,講義室環境が収録を行う上で必ずしも良いとは限らないという点や,近年の講義でよく利用されているプレゼンテーション資料などを詳細に記録することが難しいといった欠点もある。一方,専用のスタジオ等で収録を行い,プレゼンテーション資料などを同期した上で,必要があれば詳細な編集を行うことで,WBT に利用可能なコンテンツの開発もしばしば行われている。

第Ⅰ部　eラーニング

システム	収録方式	編集方式	コンテンツ	用途
VOD	カメラ	なし or 簡易編集		講義復習
↕	教室収録	資料同期 And 簡易編集		講義復習 Web講義
WBT	スタジオ収録	資料同期 And 編集		学外配信 Web講義

図2-1-4　講義アーカイブの実現手法

後者については対外配信や対面講義の代替として効果が期待できる反面，収録・編集にかかる費用面・作業面のコストや収録のための制約が大きくなる傾向があるため，多数の講義で適用することは容易ではない。

　ここに挙げた講義アーカイブの品質向上と運用負担の課題に対しては，PCを利用する講義において高画質なアーカイブを自動生成する試み（板宮ほか 2009）や，講師領域を抽出し，プレゼンテーション資料と合成して表示するアプローチ（坂本ほか 2008），講師の映像・音声情報だけでなく，講義中の板書やプレゼンテーションといった複数の情報を組み合わせた講義アーカイブを自動生成する講義室設備（八重樫ほか 2008），固定 HD 映像から講師を追従する動画と講師を除いた板書静止画を自動生成する手法（新井ほか 2013）などといった自動化を中心としたアプローチが提案されている。

　コミュニケーションのもう一方の側面である，受講者による講義アーカイブの効果的な視聴を支援する観点からは，受講者とのインタラクションによって既存のアーカイブから新たなアーカイブを自動生成するシステム（松本ほか 2012）や，アーカイブに受講者がアノテーションを付与することを可能にするシステム（山本ほか 2008），プレゼンテーションの構造や音声情報からアーカ

第 2 章　ユニークな e ラーニング利活用

図 2 - 1 - 5　講義アーカイブシステムの実装例

イブの検索を支援する機能（岡本ほか 2007），講義中のレーザポインタ情報を検索に活用する手法（仲野ほか 2008）といった提案もなされている。

　筆者らも品質とコストのバランスを考慮して，図 2 - 1 - 5 に示す大規模運用可能な講義アーカイブシステムを開発している。本節ではその概要について述べる（長谷川ほか 2014）。

　収録対象の講義室には，アーカイブ収録サブシステムとして，フル HD 対応ビデオ会議システムが設置されている。これは，HD 品質のカメラがネットワーク経由でリモート操作可能であるだけでなく，講義室天井に設置したノイズキャンセラ機能をもつマイクにより，講師音声が容易にデジタル化できるためである。一方，エンコード機器はフル HD 品質に対応した装置が導入されている。すべてのエンコード機器はサーバ室に集約されており，各講義室の映像・音声は PC 画面とミキシングを行って講義室とサーバ室の間を接続する光ファイバで転送し，マトリックススイッチャに収容される構成となっている。これにより，最小限のリソースで柔軟な収録ニーズに対応することが可能とな

るだけでなく，エンコード機器に障害が発生した場合でも他のエンコード機器で収録することが可能となっている．さらに，光ファイバに映像・音声を載せることで，ネットワーク障害時の影響も最低限に抑え，高品質で安定的なデータ転送を可能としている．

アーカイブ収録サブシステムで収録されたオリジナルの講義アーカイブは，プライベートネットワーク経由で管理サーバに自動的にコピーされ，1080 p，4 Mbps の高解像度コンテンツとしてそのまま配信するだけでなく，640×360，512 kbps の低解像度コンテンツに変換される．しかしながら，低解像度コンテンツではホワイトボードの文字情報などを判別することは困難である．この問題に対応するため，高解像度コンテンツから一定時間（5分間隔）で任意の領域における画面変化を判定し，情報量の多い場面をホワイトボード画像として自動抽出するシステムが実装されている．さらに，これらの情報を組み合わせて図2-1-5右下に示す動画掲示板を活用して配信を行うことにより，低ビットレートでも講義内容を参照しやすくなっている．

また，講義収録予約から編集・配信までの運用フローを自動化するために，図2-1-5右上に示すアーカイブ管理サブシステムが構築されている．本サブシステムは，汎用的な XML ファイルによる収録スケジュールの送信機能を有しており，エンコード機器にコマンド発行ソフトウェアを常駐させることにより，異なる種類のエンコード機器に対しても自動収録を行わせることができる．具体的には，学期開始直前にシステム管理者が講義情報，講義室情報，期間情報，曜日情報を入力することによって，講義およびオフィスアワーの収録情報が各エンコード機器に転送される形式となっている．さらに，効率的な収録を可能にするために，講義収録予約に基づいて収録装置を自動で割り振ることが可能である．

2.1.4　効果的な遠隔学習システムの設計

ここまで拠点間コミュニケーションのインフラという位置づけで遠隔学習システムの要素や課題について見てきたが，実際に高等教育機関において持続可能な遠隔学習システムを設計・開発・運用するためには，受講者特性や講義形

態，講師適性等に代表される講義条件を反映したシステムを検討することが必要不可欠である。しかしながら一般に，遠隔学習システムの設計ノウハウはそれぞれのシステムで暗黙知として扱われていることが多い。なぜなら，遠隔学習システムの当初の設計段階では，制約条件と学習要件が不明な部分が多く存在し，想定外の利用方法が求められるケースもしばしば起こるためである。このため，過去の事例を新たな設計時にそのまま適用することは困難であり，遠隔学習システムの設計は容易な作業ではないといえる（敖特根ほか 2013）。

筆者らは，遠隔学習システムの設計に関するノウハウを再利用するためのアプローチとして，デザインパターンの考え方を用いている。デザインパターンとは，もともと建築分野において提唱されたコンセプトである（Alexander 1975）。基本的な考え方としては，過去の事例や成果を元に整理分析し，それぞれをパターンとしてまとめておくことで，新たな設計を行う際に，適切なパターンを適用できるようにする手法である。遠隔学習システムの設計においては，過去の事例を分析し，設計ノウハウをパターンとして抽出することに相当する。ただし，遠隔学習システムを取り扱う際には，学習のための要件とシステムの機能による制約条件が存在する。そこで，学習要件と制約条件を設計のためのインプット，実際の設計事例を設計のアウトプットとしてマッピングを行うことにより，設計事例のデザインパターン化を実現することが必要となる。

筆者らは，遠隔学習システムのモデリングを行う際の再利用性，柔軟性を考慮し，ソフトウェア工学において国際的なモデリングの標準規格である UML (Unfized Modeling Language) を採用することで，図2-1-6に示すような遠隔教育システムのデザインパターンを表記する方法を提案している（敖特根ほか 2013）。

しかしながら，UML はビジュアルかつ多種類な図から構成されているため，人間同士の意思伝達には有効である反面，コンピュータからは「図」としか認識することができず，各部分の細かな意味を理解させることは容易ではない。そこで，筆者らは UML で記述したデザインパターンを，セマンティックウェブの技術である RDF (Resource Description Framework) に変換し，さらにその検索言語である SPARQL を利用して RDF に対して検索を行う，デザインパターン検索フレームワークを提案している。これらの標準技術を適用すること

第Ⅰ部　eラーニング

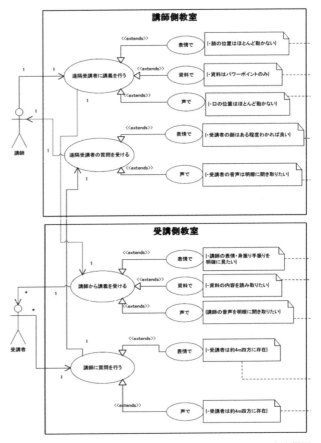

図2-1-6　ユースケースと配置図

により，一貫した表記法によって遠隔学習システムの設計に関する暗黙知を形式化することが可能となり，システム設計における生産性向上が期待できる。

2.1.5　遠隔学習システムの今後

　高等教育において遠隔学習システムの活用が注目を集めるきっかけの一つとして，1997年・2001年に相次いで行われた大学設置基準の改訂が挙げられる（田口 2007）。これにより，「遠隔授業」が制度化され，インターネットを利用

第 2 章　ユニークな e ラーニング利活用

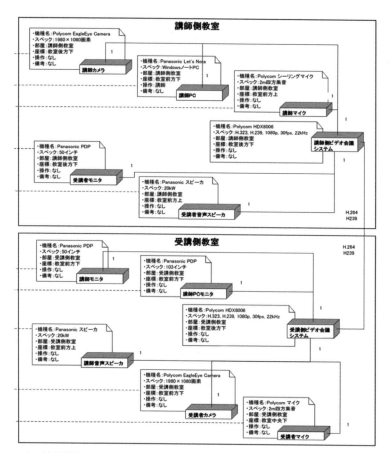

による遠隔学習システムのモデリング

した非同期双方向授業の単位化が可能になった。さらに，遠隔学習システムを対面学習と組み合わせるブレンディッドラーニングや反転授業（Flipped Classroom）が学習の質を向上させることが示される（重田 2014）とともに，遠隔学習システムへの期待はいっそう高まっているといえる。特に，クラウドプラットフォームとモバイル端末の普及に伴い，PCやモバイル端末，講義室などといった異種の環境を融合し，高等教育機関における管理や運用の負担を軽減するクラウド型の遠隔学習システムの整備が求められる。またそれに伴い，

学習者情報の保護や著作権保護の強化についても検討していく必要がある。

　また，遠隔学習システムを活用することによって，システムが提供する機能に対する利用履歴を取得することが可能となる。このため，学習プロセスにおける受講者の学習活動を比較的容易に得ることができるようになる。さらに，学習過程やスキル・実績を実証するための成果を組織化／構造化するeポートフォリオ（森本 2012）を組み合わせることで，学習活動のアウトカムを継続的に蓄積し，学習者の多様な評価を実現することが期待されよう。

参考文献

Alexander, C. (1975) *The Oregon Experiment*, The Center for Environmental Structure Library of Congress.

新井崇也・宮川直人・市村哲（2013）「多様な板書環境に対応した講義自動収録システム」『電子情報通信学会技術研究報告』LOIS, 113(43)：127-132.

坂東敏和・三淵啓自（2009）「セカンドライフを利用したメタバース・ラーニングの提唱」『情報処理学会研究報告』2009-CG-137(11)：1-5.

福原美三（2010）「オープンコースウェア／大学の講義アーカイブ」『情報の科学と技術』60(11)：464-469.

長谷川忍・但馬陽一・二ツ寺政友・安藤敏也（2005）「北陸地区遠隔授業システムを利用した遠隔講義の実践」『教育システム情報学会研究報告』20(4)：21-26.

長谷川忍・但馬陽一・二ツ寺政友・安藤敏也（2006）「多様なメディアを利用した同期型遠隔講義環境の構築・実践」『メディア教育研究』2(2)：79-91.

長谷川忍・辻誠樹・但馬陽一・宮下和子・安藤敏也（2010）「講義アーカイブを活用したコミュニティ動画掲示板システムの構築」『電子情報通信学会技術研究報告』ET2010-11：25-30.

長谷川忍・水間庸介・辻誠樹・但馬陽一・宮下和子（2014）「集中管理を指向した講義アーカイブシステムの構築」『電子情報通信学会技術研究報告』ET, 114(285)：35-40.

本多健二・橋本直己・佐藤誠（2006）「動的な奥行きモデルを用いた時系列映像からの実時間広視野映像生成手法」『電子情報通信学会技術研究報告』EID, 106(338)：59-62.

板宮朋基・飯沼瑞穂・千代倉弘明（2009）「講師に負担を強いない高画質講義自動録画・配信システムの開発と活用」『教育システム情報学会誌』26(1)：89-99.

鎌田光宣（2013）「大規模クラスにおける双方向授業支援システムの現状と提案」『情報処理学会第75回全国大会講演論文集』2013(1)：463-464.

亀田能成（2010）「ハイビジョン映像による教室講義のコンテンツ化」『映像情報メディア学会誌』64(2)：164-167.

加藤克宜・赤間清・中村佳祐（2007）「発展するｅラーニングシステム」『電子情学研究報告』SS, 107(392)：109-114.

松本貢・齋藤拓也・松本駿佑・佐藤久仁哉・林敏浩・八重樫理人（2012）「ユーザの学習要求に応じた講義コンテンツの自動生成システムに関する研究」『電子情報通信学会技術研究報告』ET, 111(473)：209-214.

三輪勉・寺嶋浩介・田口真奈（2001）「学習形態からみた高等教育における遠隔学習の動向分析」『日本教育工学会大会講演論文集』17：749-750.

森本康彦（2012）「ｅポートフォリオの理論と実際」『教育システム情報会誌』25(2)：245-263.

村上正行・八木啓介・角所考・美濃導彦（2001）「受講経験・日米受講習慣の影響に注目した遠隔講義システムの評価要因分析」『電子情報通信学会論文誌』D-1, J84-D-1(9)：1421-1430.

永田裕太郎・村上正行・森村吉貴・椋木雅之・美濃導彦（2015）「MOOCにおける大規模学習履歴データからの受講者の学習様態獲得」『人工知能学会研究会資料』SIG-ALST-B403-5：25-30.

中平勝子・田口亮輔・N. R. Rodrigo・兼松秀行・サハファルジャミ・福村好美（2011）「異なる母語を持つ者の交流を意識したメタバース内 PBL 学習環境の構築」『電子情報通信学会技術研究報告』AI, 110(428)：81-86.

仲野亘・小林隆志・直井聡・横田治夫（2008）「講義講演シーン検索におけるレーザポインタ情報の活用法」『電子情報通信学会論文誌』D, J91-D(3)：654-666.

中澤真・後藤正幸（2006）「遠隔講義における双方向コミュニケーションについての課題とその解決に向けて」『会津大学短期大学部研究年報』63：99-112.

中澤明子・奥林泰一郎・スペンスゼオースキ・前迫孝憲（2008）「異なる遠隔共同作業環境を併用した実践の試み」『教育システム情報学会誌』25(3)：329-334.

野田敏志・江原康生・石田智行・橋本浩二・柴田義孝（2015）「タイルドディスプレイを用いた高臨場感映像通信システムの構築と評価」『情報処理学会研究報告』2015-CSEC-68(22)：1-6.

岡田安人（2007）「遠隔学習システムの最新動向」『経営システム』17(2)：165-170.

岡本拓明・仲野亘・小林隆志・直井聡・横田治夫・岩野公司・古井貞熙（2007）「音声情報を統合したプレゼンテーションコンテンツ検索」『電子情報通信学会論文誌』D, J90-D(2)：209-222.

敷特根朝魯・長谷川忍（2013）「遠隔教育システムのデザインパターン検索フレームワークの提案」『人工知能学会研究会資料』ALST67：47-52.

Opencourseware Consortium, "Advanced Course Search". http://www.ocwconsortium.org/en/courses/search.

坂本良太・村上宙之・野村由司彦・杉浦徳宏・松井博和・加藤典彦（2008）「PC 画像に講

師画像を重ね合わせた講義映像生成システム」『日本教育工学会論文誌』31(4)：435-443.
坂内祐一・玉木秀和・鈴木雄士・重野寛・岡田謙一（2007）「実物体を用いた MR 空間での遠隔協調作業」『情報処理学会論文誌』48(7)：2465-2476.
讃岐勝・浜野淳・吉本尚・鈴木英雄・前野哲博（2015）「遠隔医療教育システムの利用と問題点」『教育システム情報学会研究報告』30(1)：23-28.
重田勝介（2014）「反転授業 ICT による教育改革の進展」『情報管理』56(10)：677-684.
清水康敬・前迫孝憲（1986）「キャンパス間を結ぶテレビ講義の評価」『電子通信学会論文誌』A，J 69-A(10)：81-1189.
田口真奈（2007）「高等教育における IT 利用実践研究の動向と課題——e ラーニングと遠隔教育を中心に」『京都大学高等教育研究』13：89-99.
田中健二・近藤喜美夫（1999）「大学間衛星ネットワーク（スペース・コラボレーション・システム）の構成」『電子情報通信学会論文誌』J82-D-I(4)：1-588.
田中一晶・和田侑也・中西英之（2015）「遠隔握手：ビデオ会議と触覚提示デバイスの一体化によるソーシャルテレプレゼンスの強化」『情報処理学会論文誌』56(4)：1228-1236.
田上博司（2008）「遠隔授業における視線一致の必要性とその問題点解決のための法」『教育システム情報学会誌』25(4)：394-402.
田上博司（2008）「遠隔授業における視線一致の必要性とその問題点解決のための一手法」『教育システム情報学会誌』25(4)：394-402.
TBT コンソーシアムガイドライン WG（1999）「WBT システムの標準化動向」『教ステム情報学会研究報告』1：18-23.
上野晴樹（2012）「SaaS 型クラウド・システム WebELS による教育・研究の国際連携」『電子情報通信学会技術研究報告』SC，112(178)：11-16.
八重樫理人・谷川晃・守屋英樹・玉田裕司・神澤雄智・三好匠・相場亮（2008）「講義コンテンツ自動生成システムの開発」『電子情報通信学会論文誌』D，J91-D(12)：2819-2832.
山本大介・増田智樹・大平茂輝・長尾確（2008）「映像アノテーションを獲得・管理する講義コンテンツ共有システム」『情報処理学会第70回全国大会講演論文集』：71-72.
谷田貝雅典・坂井滋和・永岡慶三・安田孝美（2011）「視線一致型および従来型テレビ会議システムを利用した遠隔授業と対面授業によるディベート学習の教育効果測定」『教育システム情報学会誌』28(2)：129-140.
吉田幸二・酒井三四郎（2001）「遠隔教育システムと最新動向について」『教育システム情報学会誌』18(1)：153-155.

2.2　大学間連携システム

松浦健二・林　敏浩

2.2.1　WEB ベースの e ラーニング

　大学等の高等教育機関で実践される e ラーニングの多くは，Web を基盤とするサービスで実装される（松浦，2012：157-167）。Web は，HTTP/s プロトコルに基づくオンデマンドサービスを指すが，そのサービスを組織内部で運用することの多い大学等の教育機関では，クライアントとサーバの 2 ノード間で単純化されたコンテンツ流通形態として実装されることが一般的である。HTTP は本書執筆時点では，それまでの RFC 2616 等から，今では RFC 723x シリーズとして IETF によって整理されているステートレスなアプリケーションプロトコルである。ステートレスでありながら，認証された個人に特化して動的に生成あるいは選択されるコンテンツのシーケンシャルな流通を可能としたり，一連の操作系列に基づいて持続的接続を実現したりする技術実装は，教育・学習支援環境としても今や不可欠である。このような技術応用は，複数の WEB サイトを跨ぐ連携サービスにまで拡張可能である。それは，ネットワークセグメントやドメイン，個々のサーバといった従来的な境界を超えても実現できる。

　技術の応用を考えることによって，実世界の新しい実現モデルを創造できるという考え方もあれば，実世界の解決すべき課題があって，その解決のために新しい技術を創造するという考え方もある。いずれにしても，学習支援モデルと技術開発の相互作用の実践モデルとして，本節は大学等の高等教育機関が複数連携して教育・学習支援に関する e ラーニングサービスを提供するための実装技術および実装例を概説する。特に，実装例では四国における LMS 連携で採用されている方式の詳細を述べる。また，サービス間の連携という側面からは，実世界の運用組織に限らず，データ層での連携に寄与する国際的なインターオペラビリティやデータフォーマット等についても触れることとする。

2.2.2 単独システム実装と連携システムの必要性

広く利用される WEB ベースのｅラーニングは，ソフトウェアサービスに紐づく提供形態として，二種に大別できる。一つは，ソフトウェアベンダによるパッケージソフトウェアの組織内（オンプレミス）導入であり，一方でクラウド上でのサービスもマス向けに限らず組織内用途や個人用途として広まっている。後者の事例には，MOOCs（Massive Open Online Courses）や SPOCs（Small Private Online Courses）なども含め，オンライン提供されるコースウェアサイトが広まってきた。一方で，前者のオンプレミス環境での運用には，Moodle や Sakai といったオープンソースな学習管理システムが導入されることが多い。これらコースウェアと呼ばれる特定科目向けの学習管理機能だけでなく，利用者側が科目横断的に経年利用可能なオンラインレポジトリ機能として，Mahara などｅポートフォリオも広がりを見せている。さらに，高等教育機関などでは，成績管理や履修登録といった事務系機能を提供する学務／教務システムがマスターデータ保管では重要である。

これらは，利用場面，利用条件，利用者の属性に応じて，利用者自身がシステムを使い分ける形式が長年運用されてきた。たとえば，システム単位でのリンク集から利用動機に応じて個々のシステム提供サイトを辿るといった形で使われる。そこは，システムを利用する側の観点よりも，システムを提供する側の観点，すなわち適用範囲や開発工数などからサイロ型のシステムとなっている。大学は，その学生に対する学習・教育の「場」を提供する立場からは，学問，教育，研究の各研鑽を積む共有時空間といえるが，学生という立場から手続き面や制度的な側面を見れば，数年間属して規定の要件を満たすことにより卒業・修了する場ともいえる。後者の意味ではそれまでの教育課程と一見類似するが，就業に続く最終教育過程としての側面や青年期の修学に対する動機付けの面でも特徴的である。そこで，前述の学生支援システムの類は，直接的な教育関連以外にも，就業支援や学生生活関連など多様な要求が生じる。

表 2-2-1 は，人生にとって一過性な所属先である大学において，どのような支援が含まれるか，その主な実装を，機能要件とシステムを対照させて整理している。これらは，一般的なリストとしての例示であるが，各対象システム

表2-2-1　機能要件と対象システムの例

時期	支援内容・特化機能の例	支援システムの例
入学前	修学前支援，自学自習コンテンツ	LMS, MOOC
入学時	学生情報管理，債権管理，リメディアル教育	教務システム，LMS, MOOC
在籍中	学生情報管理，単位・成績管理，履修登録，掲示確認，コミュニケーション，学習活動蓄積・整理，ファイル保存，証明書発行	教務システム，掲示板，ポータル，ポートフォリオ，CMS，ストレージ，証明書発行機
受講時	当該授業活動管理，コンテンツ配布，出席管理	LMS カードリーダー
就職活動期	就職情報提供等	就職支援システム
卒業後	コミュニケーション，リカレント教育	OB 会関連システム，LMS, MOOC

は，統合されたり外部リソースを利用したりして，効率化やコスト削減の意味で，取捨選択が行われる。

　ここで，サイロ型のシステムは，システム提供側の想定する範囲内での特化機能を盛り込める意味で強みはあるが，それを利用する視座からは，複数システム間での機能的連携あるいはデータ的連携がなされた方の利点が大きい（第三者的ではあるが，システム導入側の論理としては，これらが統合されないことによる負荷に対するコスト削減に焦点を当てた説明も多い）。実際，Matsuura らは大学組織内の実践的データ連携手法を報告している（Matsuura, 2007）。さまざまな関連機能やデータの連携に鑑みた際には，基本システムに幾つかのオプショナルモジュールを加える形の統合パッケージタイプと，独立した個々の機能特化したシステム間を疎結合により運用するタイプがある。独立した個々のシステムをつなぐ際には，システム間のインタフェースを合わせる必要がある。これはシステムに限らず，運用組織間の連携時にも組織間インタフェースを合わせる必要がある。

2.2.3　四国のeラーニング連携プロジェクト

　四国の高等教育機関におけるeラーニング連携の実装を俯瞰すると，前述の

システム間を緩くつないで運用するという見方ができる。本節では，その技術的な実装の前に，四国という地域での組織間連携の取り組みに関するフレームワークを概説する。

① e-Knowledge コンソーシアム四国（略称「eK4」）

　平成20年度戦略的大学連携支援事業の支援（「四国の知」の集積を基盤とした四国の地域づくりを担う人材育成）を受けて，設立された四国地域でのeラーニング連携を協働実施するコンソーシアムである。図2-2-1はその枠組みを表しているが，遠隔会議システム，LMS，遠隔講義システムを駆使して，学習者あるいは教授者のシステム利用コンテキストに応じて，多様なサービス提供を図れるようになっている。また，組織の枠を超えたインフォーマルなコミュニケーション支援にはSNSなども利用可能である（松浦ほか 2011）。大学間連携のコンソーシアムとしては，「高等教育コンソーシアム信州」（長野県下の大学）や「大学コンソーシアム京都」（京都府内の大学等），「大学コンソーシアム石川」（石川県内の大学等）のような，県境に一定の境界を設けて自治体等が支援するといった枠組みが多い。四国のそれは，県境を越えた地域内コンソーシアムとして独自の活動を続けている（e-Knowledge コンソーシアム四国）。

　本コンソーシアムでは，"「四国は一つ」という意識の共有を通じて「協調的地域づくりに携わる人材」の育成"を目指している。個々の大学では，さまざまな教育研究が独自に進められてきたが，地域のニーズに応える人材育成を単独大学で行う際の困難さを，少し拡大して地域全体での相補によって戦略的連携が実現でき，「四国の魅力発信」を可能にする教育基盤「四国の知」を形成することを可能とする。このような高い目標を支援するために，人材育成を念頭にeラーニングでも連携する形がとられている。

② 知のプラットフォーム形成事業（事業Ⅱ：略称「知プラe」）

　平成24年度国立大学改革強化推進事業として選定された「四国5大学連携による知のプラットフォーム形成事業」では，主な事業の柱として3つの取り組みを定め，その2番目（事業Ⅱ）として，略称「知プラe」で知られる大学連

第 2 章　ユニークな e ラーニング利活用

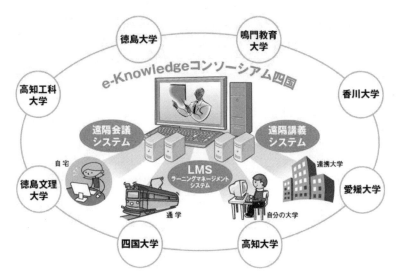

図 2-2-1　e-Knowledge コンソーシアム四国の概要
出典：http://www-ek4.cc.kagawa-u.ac.jp/ より。

携 e-Learning 教育支援センター四国の事業がある。本事業の説明には，"四国の国立 5 大学が相互に連携し，香川大学に大学連携 e-Learning 教育支援センター四国を設置するとともに，ほかの 4 大学にセンター分室を設置しました。その e-Learning 基盤を活用し「四国地区における 5 国立大学連携構想」の中の大学教育を協働実施することによって，連携大学全体の教育の質の向上を図ります。"とある（大学連携 e-Learning 教育支援センター四国）。

図 2-2-2 に示される本事業は，e-Knowledge の基盤の上で，教育プロセスとしては大学教育の共同実施を目指すものである。①が参加大学間での単位互換に関する協定書とその運用を主な実装としてあったが，それと比較すると，②では参加校は少ないながらも，教育の共同実施として連携の仕組みを掘り下げて運用している。具体的には非常勤職員発令の簡素化などが盛り込まれ，運用上あるいは手続き上も効率的に教育の実現を可能としている。

2.2.4　e ラーニング連携の技術的要件

　四国の e ラーニング連携では，履修等の手続き面の電子化よりもむしろ，コ

第Ⅰ部　eラーニング

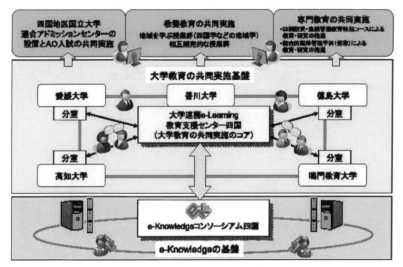

図2-2-2　大学連携 e-Learning 教育支援センター四国
出典：http://chipla-e.itc.kagawa-u.ac.jp/ より。

ンテンツやコミュニケーション面でのデジタル化が先行して実践されている。特に，遠隔分散参加形態での参加者間の非同期受講は特徴的である。ここでの同期・非同期の別は，ある授業に関して遠隔参加をするときに，それぞれの分散サイト間での参加時間を合わせるかどうかによる。具体的には，同期とは，遠隔会議・講義システムを利用して，教員サイトと複数の学生サイトが相互にライブビデオ映像を見ながら，授業を進める方式である。一方で，非同期とは，学習／コースマネジメントシステム（Learning/Course Management System＝LMS）を用いて，オンデマンド学習を実現する参加形態を指す。

　四国の連携取組では，学習支援として同期・非同期いずれも実装しているが，非同期では，それぞれの大学が提供する LMS の疎結合（認証連携）を実現している。図2-2-3に大別される統合型（クラウドサービス含む）と分散型の違いに対して，分散型を選択している。これは，技術面やコンテンツの権利面からはシステム間の独立性を重視するという側面もあるが，運用面での利点も大きいことによる。すなわち，コンテンツ提供者としての授業担当者は，四国内のいずれかの大学に分属しており，手続き的にも管理面からも個々の大学固有

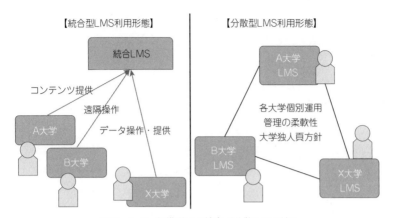

図2-2-3 組織間での統合／分散LMS利用

のオンプレミスシステム上（自組織システム）で取り扱う方が簡単かつ利便性が高いからである。また，認証連携で利用する技術には，SAML (Security Assertion Markup Language) を用いる。SAMLのインタフェースをもつならば，LMSとしては，特定の製品に依存した作りである必要はないという点も大きな利点といえる。すなわち，後述する個人の識別子や属性をアサーションとして流通させるため，このトランザクション内で共通的な属性名を決めておけば，たとえバックエンドの組織内属性源が異なっていても，異なる組織間LMSで同じ属性としての機能対応を実現しやすくなる。

ここで，組織内や組織間でのLMSによるシステム連携の必要性や要件は，どのような利用文脈で生じるか，以下の観点から俯瞰したい。

(1) 時系列でのデータ連携
(2) 異種機能サーバ間でのデータ連携
(3) 組織間のデータ連携
(4) 認証データ連携
(5) オープン化／秘匿化

(1)時系列でのデータ連携とは，データの①生成，②加工／複製，③移動，④利用，⑤消去，といった一連の処理の間の順序関係を指す。順序関係は依存関

係を生じさせ，上流のデータが下流に位置するシステムの処理に影響することがしばしば生じる。たとえば，ある組織において学籍番号を生成するシステムが入試システムとして上流に位置づけられれば，生成された学籍番号データと紐付けられた氏名などの他データを教務システムが依存関係の下で利用することとなる。この場合，入試システム側で①が行われた後，教務システム側では③，②，④が行われる。さらに，教務システムでは上流に依存するデータの他にも，当該システム以降に特化したマスターデータを保管することになる。たとえば，各授業に関する科目コードや時間割のコード，担当教員の紐付け，履修者の番号の紐付けなどが考えられる。さらにこのデータを活用する LMS が下流に位置付けられるならば，学籍番号等の学生データ，職員番号等の担当教員データ，科目コード，時間割コードなどをオンライン／オフラインで連携利用する。

(2)サーバ間データ連携では，③に注目することになるが，上記のような依存関係だけでなく，依存関係がなくとも，データの加工や改変を要することがある。典型的には，日本語などのマルチバイトコードに対して，EUC-JP/Shift_JIS/UTF などのコード変換を要したり，データベース間のスキーマの違いを埋めるための工夫を要する。③における方向を鑑みた際にも，Push 型と Pull 型の違いがあり，それはデータのマスタとスレーブという関係性だけで決まるものではなく，セキュリティ上の要件（機密性，完全性，可用性の観点からの評価）など，複雑な実装上の条件にも影響されるものである。

なお，依存関係や順序関係で失念しがちになるデータの手続きとしては，上流から下流へという流れにおけるプロビジョニングだけでなく，デプロビジョニングをきちんと機能させるということがある。データのライフサイクル上は，生成・複製系だけを捉えると，単調増加するものであるが，ライセンス上の問題やゴーストアカウントといったセキュリティリスクからの要件を，適切に検討した上で，連携を設計するということが求められる。

以上は，技術的な観点からの連携の捉え方であるが，学習管理システムの連携など，(3)組織を跨いだ連携においては，別の側面も影響を受けることとなる。つまり，組織固有に内規や学則に沿って定められた運用があり，その間の相違

を埋めるべく新たな仕組みや規則の見直し，協定締結といった活動・手続きが必要になる．本書では技術面に焦点をあてることに注力すれば，(2)の拡張と見なすことも可能である．ただし，やはり設計思想の異なるシステムや組織間の連携上は，各データに紐づくコード長だけを見ても一様ではないため，読み替えやマッピングテーブルによる対応を要することになろう．

こうして具象度の高いレベルでデータ連携を技術的に捉えると，組織を跨いで，異なるサービスをつなぐことの困難さが理解されよう．そこで，コンテンツや基礎的なデータの連携をハード実装するのではなく，(4)認証認可基盤技術による緩やかな連携によって，低コストで高い利便性のある環境を提供する枠組みが取られることが増えてきた．四国の非同期的なeラーニング連携（学習管理システムの連携）は，このタイプである．各大学によって選択の自由度はあるが，実際には共通的な学習管理システムとして，前節の Moodle（https://moodle.org/）が採用されている．また，認証認可基盤連携には OpenSAML に基づく Shibboleth が使われている．

なお(5)として，上記のような秘匿データのセキュアな連携以外に，LMS やデータそのものをオープン化するという選択肢もある．ビッグデータの科学的アプローチには，緩やかな秘匿個人データの扱いをどのようにできるのか，まさに議論が行われているところであり，今後の動向に注目すべき領域である．

2.2.5 Shibboleth による LMS 認証連携

Shibboleth（http://shibboleth.net）は，世界中の高等教育機関等で最も広く採用されている組織間での ID フェデレーションのフレームワークである．そのソフトウェアコンポーネントはフリーでオープンソースであり，認証と認可の両機能を有する強力なシングルサインオンソリューションである．Shibboleth は，幾つかのエンティティ間で連携動作する．機能と物理的・論理的なサーバが一対一である必要はないため，各種の機能をサービスとして提供するエンティティが複数あり，物理的なサーバは複数で構成されたり，反対に複数を集約したりといったさまざまな実装が実現できる．具体的な例では，LMS 等のサービスを提供するサイト，認証源・属性源をバックエンドにもった認証フロ

ントエンドなどが連動する。これらの組み合わせは，単一の統合認証基盤を有する組織内のみであれば，サービスプロバイダ（SP）とアイデンティティプロバイダ（IdP）だけでも実現できる（松浦ほか 2012）。ただし Shibboleth の特徴である複数の組織にまたがって利用されることを前提とすれば，ディスカバリサービス（DS）と呼ばれる自組織の選択機能も必要となる。また，HA（High Availability）クラスタ構成などにより冗長化し，IdP や SP のスケーラビリティを図るなど各導入組織でさまざまな工夫が行われている。徳島大学の事例で言えば，IdP は仮想 IP アドレスと CNAME を共有する2つの物理サーバで構成しており，Active-Standby の構成を Heartbeat ソフトウェアによって自動切り替えさせることで，サービスの可用性を高めている。Shibboleth はその開発が継続して行われており，最新版の IdP は2014年の12月に V3.0が公表され，数年ぶりのメジャーバージョンの登場となった。また，多くのオープンソースソフトウェアが対応しており，Moodle だけでなく，Mahara, Plone, WordPress, CKAN など，認証 Plugin の形で対応が進んでいる。教務システム等の商用パッケージソフトウェアや自作のシステムでも，その処理過程を理解すれば，簡単に Shibboleth 対応が実現できる。Shibboleth は，前述した通り SAML に基づき動作する。SAML で記述される具体的な伝達情報は，きめ細かにかつ柔軟に規定されている。したがって，以下ではその利用に関する特徴のみに着目した設計指針を述べる。

　四国の連携のように Moodle を対象とした場合，まず基本方針として，(1)何のデータをバッチ処理やオフラインによって取得・更新の一括処理に適するかを決める。これが固まれば，エンドユーザ毎のセッションにおいて，オンライントランザクションの中で，(2)何の属性情報を受け渡すかを決める。(3)それら属性データの SP 側ローカルデータとしての登録・更新に関する方針を決める。(4)そのローカルデータのロックに関する方針を決める。という四方針を決めれば実装できる。

　(1)については，LMS 全体で一括処理した方が良いようなデータがあれば，バッチ処理などによりプロビジョニング・デプロビジョニングを行う方が効率的である。たとえばこの種に該当するのは，科目コードや担当教員，当該科目

表2-2-2 Moodleで利用する属性設定の例

項　目	概　　要	変数の例（OID）
ユーザ名	Moodleユーザ名として使用	eduPersonPrincipalName (1.3.6.1.4.1.5923.1.1.1.6)
名	ユーザの Given Name	jaGivenName (1.3.6.1.4.1.32264.1.1.2)
姓	ユーザの Family Name	jasn (1.3.6.1.4.1.32264.1.1.1)
メールアドレス	ユーザのメールアドレス	mail (0.9.2342.19200300.100.1.3)

の履修生のデータといった内容である。5000科目の識別子があって，平均的に50人が受講するならば，単純計算で25万件のレコードを日々処理すると考えれば，一括処理向けであることが理解されよう。処理の実装は，WSDLやSOAP，JSONなどさまざまな方式が考えられるため，最適な方法（バインドプロトコル）を上流のシステムに応じて検討する。

　ただし，少数のエラーでもプロビジョニングが止まるような連携仕様では，このような大量データを扱うことができないので，設計には注意を要する。そこで，例外処理が発生しないように，この部分を手動操作させるといった対応も多い。この対応には，サービス全体の管理者または科目担当教員があたる。たとえば，Moodleの管理者が利用申請のあった科目を設定し，その科目担当の教員を割り当てることで，当該担当者が一定の操作権限によって，これらのデータ処理を手動管理するという手段がある。当該科目には，担当教員が定めた履修用のパスコードを授業参加者のみに伝達して入力させることによって，教務システムのデータとは独立してMoodle上の履修登録をさせることができる。この方式では，そもそもMoodleの利用者として，Moodle全体の管理者，科目担当教員，および履修者としての学生といった三つのロールに割り当てられる個人ユーザが少なくとも事前に必要になる。この個人ユーザの登録は，(2)から(4)の方針に従う。

　(2)では，必須属性と任意属性があるが，それぞれアプリケーション（Moodle）の管理画面上で設定することができる。典型的な属性としては，表

第Ⅰ部　eラーニング

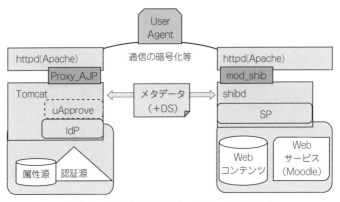

図 2-2-4　Shibboleth フレームワークと Moodle

2-2-2 のようなものを定める。変数の例には，学認（https://www.gakunin.jp/）のプロジェクトにおいて規定された GakuNin スキーマを参考に例示している。ただし，これらの何の属性を利用するかは，設計方針によるため，表 2-2-2 の限りではない。認証プラグインにこれらを設定すれば，Shibboleth から渡される属性をこれらにデータマッピングすることで Moodle が利用できるようになる。前提として，そもそも SAML による属性要求にこれらを加えておく必要があるため，事前にそれを設定しておく。また，IdP は，要求された属性を当該サービス（Moodle の SP）に対して，属性送信できるようにフィルタリングの設定をしておく必要がある。つまり，Shibboleth では，SP 側の属性要求に対して，IdP 側の属性送信という両サイトでのオーソライズが前提となる。また，多くの属性は個人情報と見做されることもあるため，オンライン処理の過程では，属性送信許可を当該ユーザに求める仕組み（SWITCH 開発の uApprove と呼ばれる仕組み）も提供されている。属性要求に対して，属性送信がフィルタリングの設定等によって認められていない場合には，それが SP 側で必須属性であれば，アプリケーション利用認可が得られないことになる。これらの関係を簡略化すれば図 2-2-4 のように解釈できる。具体的なソフトウェアコンポーネントはこの限りではないが，機能配置的には中央の UserAgent（＝ブラウザ）が，暗号路の中でリダイレクションによって，左右

のサイト間を行き来するワークフローである。

　(3)および(4)では，(1)(2)でアプリケーションサービス (Moodle) に渡された属性やデータをどのような方針で扱うかの運用指針となる。すなわち，(3)では認証を経る度に属性を渡すのか，アプリケーションのローカルデータベースに一度渡された属性を保存しておくかの選択である。前者は，LMS 利用途中でのユーザ異動その他に柔軟に対応できる一方で，データの不整合による不具合も懸念される。後者は，属性の流動性への耐性が弱いが，データの一貫性による運用上の不具合の発生リスクは抑えることができる。(4)は，渡されたデータをアプリケーションローカルなデータベースに保存する際に，上書きされないようにするかどうかであり，(3)の方針にも影響する設計指針である。

　このような実装方針およびそれに従う設計・設定が終われば，認証連携によって，組織間に跨って，当該組織の構成員が LMS を利用できるようになる。なお，この運用の前提は，既述した通り，担当教員が自組織の運用する連携 LMS にてコンテンツ提供や課題収集などを行う。履修者は組織の枠を超えて連携組織内の LMS にて学習する。しかし，技術的な実現可能性で言えば，図 2-2-3 に従う実装では，教員も自由に LMS を選択運用できる可能性もあるため，これについては運用の前提となる協定や約款，内規，各種法令等に拠る。

2.2.6　要素技術

　前節までに，四国の LMS 連携の運用および連携技術について述べてきたが，これらに付随する要素技術にはほとんど触れてこなかった。特に，連携データフォーマット，データ交換手法・プロトコル，データ検索手法などは，一定の標準的な技術が議論されるべきであるが，実際には多数の関連技術や適用可能な技術があり，かつ経時変化するものである。また，連携の前提技術や運用方針によって使い分けられる。したがって，ここでは代表的な要素技術に触れるだけに留める。

　データフォーマットには，認証連携における SAML だけでなく，LMS 等における教材などを念頭においた個々の学習オブジェクトやリソース記述，利用者側の技能トレースに用いられるコンピテンシ記述，e ポートフォリオの解

釈や標準的な出力に関する記述などがある。教材の記述に関しては，IEEE の LOM (Learning Object Metadata) や IMS Global Learning Consortium（以下 IMS）による Learning Resource Meta-data が議論・仕様公開されており，e ポートフォリオのコンテンツのポーティングには，Leap2A/R などが応用される。これら標準的な記述方式以外に，独自のデータ授受を実装したければ，JSON や XML/RDF などの汎用技術によりインタフェースを決めることになる。

データ交換手順については，前述の IMS などでも活発な議論が行われているが，SOAP/WSDL/REST など，XML 技術・HTTP 技術に基づいた交換手順もシステム間で独自に定められることも多い。また，データ検索手法については，RDBMS に対する SQL やファイルに対する全文検索エンジン，RDF に対する SPARQL などが用いられる。特に，オープンコンテンツ化された教材公開などにおいては，SPARQL の活用も今後展開されることが期待される。

2.2.7　システム連携のその先へ

クラウド上で提供される学習支援サービスや MOOCs/SPOCs などの多様な運用が展開される一方で，オンプレミス運用に基づく連携運用の実装もその柔軟性や即応性の意味から浸透している。本章では，四国における LMS システム連携について，後者の一事例として，具象度を高めて技術的側面から俯瞰してきた。LMS の連携は，認証連携から始まっているが，構成員としての所属期間中の継続的な活用の意味からは e ポートフォリオとの連携が要求され，データの自動連携の意味からは教務システムとの連携が求められるであろう。組織内ではこれら三者間の運用連携が重要であるが，実際にはデータ間の整合性に関する技術的困難さや，コスト高に対する費用対効果などによって実現されないこともあり，技術・運用上の敷居を下げる継続的努力も求められる。

一方で，ビッグデータサイエンスに注目が集まり始めた現代では，これらの間のラーニングアナリティクスに関する研究や実践フィールドでのデータマイニング，クラスタリングなど，今後も益々進展していくことが期待される（梶田 2014）。これらの方向性は，研究発表としての学術上の貢献に留まらず，当

該学習環境に携わる学生，教員，入学予定者，卒後などに直接的に還元できるような実践的フィードバックが本来目的であろう．eラーニングによる単体大学や連携大学の価値を高め，Good Practice が広まることに期待したい．

参考文献

大学連携 e-Learning 教育支援センター四国　http://chipla-e.itc.kagawa-u.ac.jp/index.html（2012.12.12 visited）

e-Knowledge コンソーシアム四国　http://www-ek4.cc.kagawa-u.ac.jp/（2012.12.12 visited）

IMS Global Consortium　http://www.imsglobal.org/（2014.12.12）

梶田将司（2014）「Sakai を通じて考える大学教育ビッグサイエンスの可能性」『情報処理学会研究報告』2014-CLE-14(1)：1-6.

Kenji Matsuura, Kazuhide Kanenishi, Yasuo Miyoshi and Yoneo Yano (2007) "Practical Data Management among Learning-Support Systems," Tsukasa Hirashima, Ulrich Hoppe, Shelley Shwu-Ching Young (eds.) *Supporting Learning Flow through Integrative Technologies*, (1)：271-274.

松浦健二（2012）日本教育工学会監修「WEB 2.0 技術を用いたシステム開発」『教育工学とシステム開発』ミネルヴァ書房．

松浦健二・上田哲史・佐野雅彦（2012）「複数認証基盤に対応する複合 SSO 環境でのユーザエクスペリエンス」『学術情報処理研究』（16）：138-145.

松浦健二・中村勝一（2011）「SNS を用いた学習・教育支援システムの設計・開発」『教育システム情報学会誌』28(1)：21-35.

2.3 ソーシャルメディアを用いた学習環境

柏原昭博

2.3.1 はじめに

　人間にとって知識を得ることは極めて重要である。そのことは，現在の知識社会のみならず，今後時代が変遷しても変わるものではない。しかしながら，Web を活用できる昨今，「知っている」ことは，さほど重要ではなくなってきている。一方，知識を使って問題を解決すること，特に周りと協調して解決することや，その基盤として周りとコミュニケーションや議論する能力，自分の考えを提示（プレゼンテーション）して周りを説得する能力，人間関係を作り出す能力などが強く求められるようになってきている（Griffin et al. 2010）。同時に，問題を定義してその解決策を見出すことや新たな知識を創り出すこともより高度な能力として重要となってきている。これらの能力を習得するためには，学習者個人の学びに加えて，ソーシャルな文脈における周囲とのインタラクションを通して学ぶことが必要不可欠である。知識社会を生きるために求められるこうしたソーシャルな文脈での学習は，ソーシャルラーニング（Social Learning）と呼ばれる（Bingham and Conner 2010）。

　ソーシャルラーニングは，これまでにも社会的構成主義（Vygotsky 1980）や Community of Practice（Wenger 1998），認知的徒弟制（Collins 2006）などの学習理論でその重要性が指摘されてきたが，近年 Web 上で Twitter や Facebook などの SNS（Social Networking Services）に代表されるソーシャルメディアの登場によって，学習に関わる情報（学習教材，学習プロセス，学習結果などの情報）をネットワーク上でやりとりする基盤が整い，ソーシャルラーニングに対するシステマティックな支援への期待が高まってきている（長谷川・柏原 2011；松浦・中村 2011）。特に，ソーシャルラーニング支援では，通常の LMS（Learning Management Systems）のように，学習者個人を中心とした範囲内に学習情報の活用を制限するのではなく，学習の参加者全体で積極的に共有し，参

加者間のインタラクションを促すことが求められる。ソーシャルメディアは，このようなオープンな学習情報管理と，参加者間のコミュニケーションの場を提供するのに合致したメディアといえる。

　一方，学校教育でも，高等教育を中心として個人に対する知識伝達を目的とする教育だけでなく，協調的な学習や PBL（Problem-Based Learning）などが実施され，真正なあるいは擬似的に想定されたソーシャルな文脈で学ぶスキルの習得に力点が置かれるようになってきた。本稿では，こうした背景を踏まえて，高等教育におけるソーシャルラーニングに着目し，(1)クラスルーム，(2)ラボ，(3)キャンパスにおいて，ソーシャルメディアを基盤とした支援を実現する上での要点と課題について述べる。その前に，ソーシャルラーニングの特徴，およびソーシャルメディアを基盤とする学習支援に求められる要件についてまとめておく。

2.3.2　ソーシャルラーニング

　ソーシャルな文脈においては，学習者個人では得がたい学びの利得を期待することができる。まず，学習者個人では気づかないことに他者から気づかされ，学びのきっかけとなる可能性がある。特に，自分とは異なる意見や見方が他者から多様に示されるほど，気づきの機会は増えるであろう。次に，周囲との協調や議論，プレゼンテーション，コミュニティ形成などの機会が自然に得られることから，学習者個人では解決困難なことを解決でき，かつそのプロセスを通してさまざまなコミュニケーションスキルを習得することが期待できる。さらに，知識社会にあっては，知識を有しているだけではなく使いこなすことが重要であり，また与えられた問題を解くばかりではなく，解くに値する問題を定義しその解決策を見つけ出すことで新たな知識を構築するなど，より高度な学習スキルが求められている。このような学習スキルは形式的に伝達できるものではなく，先人の経験を手本としながら習得する必要があり，その機会はソーシャルな文脈でこそ得られると考えられる（Griffin et al. 2010；Wenger 1998）。

　以上のような学びの利得を得るためには，学習に関わる情報（学習情報）を周囲とやりとりすることが必須である。通常，ソーシャルラーニングは，学習

表2-3-1 ソーシャルラーニングコミュニティの特徴

コミュニティ	規模	メンバー	関係性	学習活動	共有	期待される効果
クラスルーム	小規模	クラスメートとなる学生	学習活動をともにする関係	講義の活性化（協調的課題解決）	意見，疑問等の講義に関する情報	講義に関する新たな気づき，理解の深化
ラボ		研究熟練者（教員），大学院生，学部生	徒弟的関係	1. 研究知共有・継承 2. 認知スキル習得	研究知，認知スキル	高度な学習スキル・コミュニケーションスキルの習得
キャンパス	大規模	教職員，学生，学生のOB/OG	目的を共有しない緩やかな関係	1. 情報交換 2. コミュニティ形成	インフォーマル情報	気づき，人間関係の構築

者をメンバーとするコミュニティを前提に，メンバー間のインタラクションを通して起こり得る学びと考えることができる。コミュニティは，その規模やメンバー間の関係性などさまざまであり，起こりうる学びも得られる利得もコミュニティによって異なったものとなる。

本稿では，表2-3-1に示すように，高等教育における代表的なソーシャルラーニングコミュニティとして，クラスルーム，ラボ（研究室），キャンパス（学内規模の集まり）を取り上げる。これら3つは，その規模だけではなく，メンバー間の関係性にも違いがある。クラスルームにおけるコミュニティでは，同学年で同程度の能力を有したクラスメートとなる学生がメンバーとなり，これらのメンバーが同様の目的で学習を行い，教室内では学習活動をともにする関係にある。ラボでは，研究熟練者を中心に，メンバーにとって共通の活動である研究を推進するために，徒弟的な関係にあるメンバーが強力に結びついている場合が多い。一方，キャンパスにおけるコミュニティでは，教職員や学年が異なる多種多様な学生が主なメンバーであり，学生のOB/OGが加わることもある。そして，メンバー間には必ずしも面識がなく明確に目的などが共有されないことから，通常メンバーは緩やかな関係で結びついている場合が多い。

以上のようなコミュニティにおけるソーシャルラーニングを，ソーシャルメディアを基盤として支援するためには，図2-3-1に示すようにコミュニティのメンバーから学習情報を収集するとともに，コミュニティ全体で共有し，コ

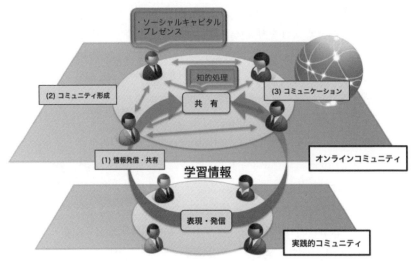

図2-3-1 ソーシャルメディアを基盤としたソーシャルラーニング支援の枠組み

ミュニケーションを図る枠組みが必要である。また，その仕組みとして実世界のコミュニティ構成を反映した情報空間としてのオンラインコミュニティを構築する必要がある。このようなオンラインコミュニティを実現するソーシャルメディアとして，SNSを基盤とするコミュニティサイトがある。これは，一般にユーザプロフィール機能，ユーザ検索機能，blog機能，コミュニティ機能，メッセージ送受信機能などを装備することで，(a)情報発信・共有，(b)コミュニティ形成，(c)コミュニケーションの場を提供する（長谷川・柏原 2011）。

一方，オンラインコミュニティでは，個々のメンバーのコミットメントを高めること，つまり有意義な学習情報を発信させることが肝要となる。しかしながら，情報発信の動機づけがなされなければ学習情報収集は容易ではなく，しばしばオンラインコミュニティの存続が危ぶまれる事態を招くことが指摘されている。このような問題に対して，人間関係を築くことを一つの資本（ソーシャルキャピタル）と捉えて，ソーシャルキャピタルを得ること，あるいはコミュニティにおける存在意義や存在感（プレゼンス）を高めることを情報発信の動機づけとして，メンバーが持続的なコミットメントを果たせるかどうかが

その解決の鍵を握ると考えられる（長谷川・柏原 2011；永留ほか 2011）。

また，学びのきっかけを与えるような気づき，協調・議論を目的としたコミュニケーションの活性化，およびスキル習得の促進を図るためには，学習情報を単に共有するだけではなく，学習情報の蓄積・分類・構造化・可視化，ならびに学習情報の推薦や集合知抽出等の知的な処理を行う仕組みがオンラインコミュニティ支援として求められる。ただし，オンラインコミュニティ上において情報共有やコミュニケーションを促すだけではなく，実世界と連携した支援がソーシャルラーニングによる利得を得るためには必須である。特に，スキル習得では，オンライン上で共有した情報や知識を実世界で活用する経験を積むことが必要である。

以下では，図 2-3-1 の枠組みに沿い，筆者らの研究を交えながら，表 2-3-1 に示した 3 つのコミュニティの特徴とソーシャルラーニング支援について詳述する。

2.3.3 クラスルームにおける学習支援

① 講義における学習活動

クラスルームでは，通常メンバー同士は実世界において面識があり，対面で講義を学ぶ，あるいは教師から与えられた課題を解くことが主な学習目的となる。こうした目的を達成して高い学習効果を生み出すためには，メンバー個人による学習だけでなく，教師を含めたメンバー間でのコミュニケーションを通して学ぶことが必要と考えられる。そのためのソーシャルな学習活動として，(1)講義の活性化，(2)課題の協調的な解決，を挙げることができる。

まず，通常の講義では，教師から学生への一方向的な知識伝達となりがちであり，また学生は意見や疑問を呈示することをためらう傾向がある。そのため，教師－学生間のコミュニケーションは滞り，学生の講義に対する理解が深まらないといった問題がしばしば起こる。また，教師にとっても学生の理解状態をリアルタイムに把握することは容易ではない。講義の活性化とは，これらの問題に対する解決アプローチとして，学生の理解や疑問をクラスルーム全体で共有して，それをもとに講義内容に関するコミュニケーションを図る活動のこと

である（村上ほか 2011）。また，講義から学んだ内容を記録したノートなどを講義後に共有することで，さまざまな視点から学習内容を振り返ることも含む。このような講義の活性化を実現するためには，学生が意見や疑問を表出しやすくすること，および講義記録を残しやすくすることが重要である。

　以上の講義活性化による効果として，学生が講義に対する新たな気づきを得ること，理解をより深めることなどが期待される。また，教師にとってはクラスルーム全体としての講義理解の程度や疑問の傾向を把握することができるため，講義内容を改善することにも役立つことが期待される（村上ほか 2011）。

　次に，課題の協調的な解決とは，PBLに代表されるように，学生同士がグループを作り，課題解決に必要な情報や知識を共有しながら，それぞれが役割を果たしつつ協調することである。特定の学生だけが解決に貢献するようなグループ構成になることを避け，それぞれの学生が力を発揮できるように役割分担を明確にすることが非常に重要である。こうした協調的な課題解決を通して，個人では解けない課題を解決でき，また学生同士がそれぞれの力量を見極めながら役割を分担したり，コミュニケーションを取り合うためのスキルを身につけることができると期待される（Hmelo-Silver et al. 2013）。

② 講義活性化支援

　上述したクラスルームでの学習活動を支援するためのソーシャルメディア活用と支援方法について述べる。なお，課題の協調的な解決に対する支援については，CSCLを中心に数多くの良書（Hmelo-Silver et al. 2013）が刊行されているため，ここでは講義の活性化支援に焦点を当てる。

　講義の活性化支援を実現するためには，講義中に学生の意見や疑問を収集する，あるいは講義後に講義記録を収集してクラスルーム全体で蓄積・共有するためのソーシャルメディアが必要となる（村上ほか 2011）。まず，講義中の場合，学生は講義の聴講と同時並行して意見や疑問を表出する必要があるため，表出に手間がかからないメディアを選択することが望ましい。また，表出された意見・疑問から対面講義でのコミュニケーションが引き起こされるように，即時的に意見・疑問が閲覧可能であることが必要となる。このような要件を満

たす Web 上の SNS としてマイクロブログがある．たとえば，その代表的なサービスである Twitter では，ツイートと呼ばれる短文での投稿を許容し，投稿されたツイートを時系列に閲覧できるタイムラインと呼ばれる投稿ログが提供される．このような機能を有する Twitter を基盤に，クラスルーム全体でタイムラインを共有しておき，それぞれの学生が講義中に意見や疑問をツイート形式で投稿することで，即時的な投稿共有が可能となる．

一方，マイクロブログを用いる場合，講義の進行に伴って投稿数が増加すると，講義を聞きながら他の学生からの意見や疑問をフォローすることが困難となり，講義の理解を阻害することになりかねない．また，教師にとっても，投稿数の増加はクラスルーム全体の理解度を把握困難としてしまうことも考えられる．そのため，学生からの投稿を整理・分類することで意見や疑問の共有を促す必要がある．

このような観点から，筆者らは Twitter を活用して講義の活性化を図るシステムを開発した（Oishi et al. 2012）．本システムでは，スライドを単位とするプレゼンテーションドキュメントを用いる講義を対象に，学生がツイートを投稿する際にどのスライドに対するツイートであるかをアノテーションさせている．また，事前にツイート内容を意見，質問／回答，同意／非同意にタイプ分けしておき，投稿時にどのタイプのツイートかも同時にアノテーションさせている．こうしたアノテーション情報をもとに，講義内容・ツイートタイプごとにタイムライン上のツイートを整理・分類することができる．また，タイムラインからツイートタイプの傾向を可視化することで，教師はクラスルーム全体の講義理解度をリアルタイムに把握でき，またそれに応じて講義の展開を変更することができる．さらに，本システムは対面講義でのコミュニケーションを補足するバックチャンネルとして Twitter を運用している．こうした配慮は，意見や疑問呈示における学生の心理的なハードルを下げるとともに，教師の講義進行を妨げないことに貢献すると考えられる．

次に，講義後の支援では，講義記録をスムーズに登録でき，記録の閲覧性も高く，かつ記録の探索などリポジトリ機能を有したメディアが必要となる．SNS を基盤とするコミュニティサイトは，このような要件を満たすソーシャ

ルメディアであり，登録ユーザに blog を用いて講義記録の投稿と共有を許容し，また投稿エントリーに関する意見交換も blog を介して行う。こうしたサイトにおいて，講義記録を共有し，講義の振り返りを活性化するためには，投稿された個々の blog の閲覧を可能とするだけではなく，比較対照して類似点や相違点を検出する機能や，blog 内容の傾向を集合知として抽出する機能などが望まれる。

　以上のようなマイクロブログやコミュニティサイトを基盤とする講義活性化支援では，学生からの情報発信（投稿）が必須であるため，情報発信を動機づけることが肝要となる。そのための一つの方法は，意見や疑問の表出に何らかのインセンティブを与えることであるが，コミュニティメンバー間の有意義な関係を築くという観点からすれば，必ずしも望ましい方法とはいえない。他のメンバーとの関係を築き自らの存在感を高めることに意義を感じて，クラスルームに貢献する態度を培うことが，コミュニティ全体の活性化やコミュニティの存続にもつながる。このようなソーシャルキャピタルやプレゼンスの獲得を促すための技術的な支援方法を開発することは，非常に重要な課題である。

2.3.4　ラボにおける学習支援
① 徒弟的な研究活動

　ラボは，通常研究活動に関して熟練度の異なる研究メンバーから構成されるとともに，熟練したメンバーが中心となって研究活動を推進する実践的コミュニティである（Wenger 1998）。クラスルームとは異なり，研究活動での必要性に応じて，個々のメンバーが主体的に他のメンバーとインタラクションを図りながら学習を進めることが基本となる。特に，研究活動では，日々新しいアイデアや知識（研究知）を生み出し，徒弟的な関係にあるメンバー間で共有・学びあいを行いながら，持続的に研究知を洗練していくことが求められる。ここでいう研究知とは，論文やプレゼンテーションドキュメントなど陽に表現されたものばかりではなく，論文の書き方やプレゼンテーションの仕方，プログラミングの tips などインフォーマルな知識も含む。また，研究活動の推進にあたっては，熟練度の低いメンバーが熟練者を手本に，研究遂行上必要なプレゼ

ンテーション・論文作成やプログラミングなどのスキルを習得することが重要となっている。

　このような研究知やスキルはラボ固有の経験則であり，メンバー全員で共有することがラボの存続を図る上で必要不可欠である。また，毎年のようにラボでは熟練したメンバーが去り，代わりに研究初心者が新参者として加わることから，研究知やスキルを次代に継承することがラボの発展を支える上で必須となっている。

　以上のような研究活動を通して，未解決の問題とその解法を見出して新たな知識を構築するような高度なスキルを習得できる点が，ラボにおいて期待される最大の学習効果と考えられる。また，その習得過程でプレゼンテーションや議論などコミュニケーションスキルが高まる点も期待される効果といえよう。

　一方，研究初心者のように熟練度の低いメンバーは，研究ミーティングや議論など日頃の活動を通して，主体的に熟練者から研究知やスキルを学びとることが求められるが，研究知はメンバー個人のメモ書きに残されることがあっても，他のメンバーと共有されることは少ない。スキルに至っては，陽に表現されることも非常に希である。そのため，研究知やスキルの習得は容易ではない。また，中心的なメンバーがラボを去ることで研究知が失われてしまい，次代への継承がなされず，研究活動に支障をきたすこともしばしば起こる（永留ほか2011）。

　これらの問題を解決するためには，研究知やスキルを表現し，ラボとして蓄積する必要がある。その上で，システマティックに研究知やスキルの習得・継承を支援する方法を検討する必要がある（Wenger 1998）。筆者らは，これまでソーシャルメディアを基盤として徒弟的なラボ環境での学習（Learning in Lab）を支援する枠組みを検討してきた。以下では，その成果も踏まえて，ラボにおけるソーシャルな活動として，(1)研究知共有・継承，(2)認知的徒弟制に基づくスキル習得，を取り上げ，ソーシャルメディアを基盤とした学習支援について説明する。

② 研究知共有・継承支援

　研究活動において生み出される研究知は，ラボ内に埋没しがちとなるため，意識的に表現・蓄積することが肝要である。また，表現された研究知がラボにとって必ずしも必要かつ適しているとは限らないため，メンバー間における共有・学びあいの中でその妥当性や価値を吟味し，改善・洗練する必要がある。実践的コミュニティでの徒弟的な関係にあるメンバー間では，こうした研究知の吟味が自然に促され，価値が低いものは捨て去られ，価値が高いものは研究活動に適用されて研究知の洗練が起こることが期待される。洗練された研究知は，再びラボ全体で共有されて，さらなる洗練が進められる。このようなサイクルを作り出すことができれば，研究活動に対して真に貢献するような研究知へと進化させることができると考えられる。

　以上のような研究知の進化を支えるためのソーシャルメディアとして，SNSを基盤としたコミュニティサイトの利用が考えられる。これまでにも実践的コミュニティ支援を目的したコミュニティサイトは数多く開発されており，コミュニティでの真正な実践から得られる情報や知識を蓄積・共有する試みがなされている（長谷川・柏原 2011）。しかしながら，蓄積される情報が多種多様かつ膨大になるほど，必要な情報や知識を探索する負担が増し，結局共有されずサイト内に埋もれてしまうという問題が指摘されている。したがって，研究知の探索負担の軽減を目的として構造的に研究知を蓄積するとともに，共有から学びあい，そして修正や洗練が促進されるように支援する必要がある。

　以上のような要件を踏まえて，筆者らはSNS構築ツールOpenPNEを基盤として，研究知の共有・学びあい・洗練の足場を築くコミュニティサイトであるHyperblogシステムを開発した（永留ほか 2011）。本システムでは，図2-3-2に示すように，インフォーマルな研究知を主な対象として，実世界における研究活動との連携を前提に研究知の表現・蓄積・共有・学びあい・適用・洗練を実践する場を提供する。

　Hypeblogでは，研究知を表現するためにblogを用いる。ラボのメンバーは，研究知をblog形式で表現し，投稿・蓄積する。投稿に際しては，blogエントリーにタグを付与させており，タグを介してblogエントリー間を関係づ

第Ⅰ部　eラーニング

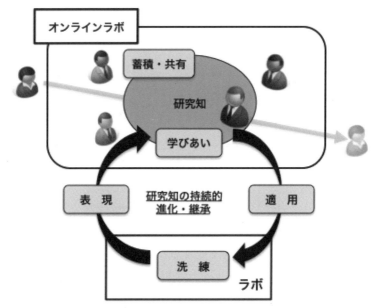

図2-3-2　Hyperblogにおける研究知洗練・進化の枠組み

けて構造化する。構造化の範囲は，メンバー個人内とメンバー間に分けられ，メンバー個人が投稿したblogエントリーのうち同一のタグを有するものに個人内リンクが張られる。また，異なるメンバーが投稿したblogエントリー間にも同様にして個人間リンクが張られる。タグは，SD (System-defined) タグ，UD (User-defined) タグ，GD (Group-defined) タグの3つに分けられている。SDタグは，研究活動を表し，具体的には研究テーマ設定や研究ミーティング，システム開発などがタグとして準備されている。UDタグはメンバーが自由に定義できるタグであり，研究トピックなどを表現することができる。GDタグは一定数以上のメンバー間で共用されるようになったUDタグである。Hyperblogでは，これらのタグをblogエントリーに付与させることで，blogエントリーの構造化を図っており，タグを探索キーとして多角的に研究知探索を行うことが可能となっている。

図2-3-3に，本システムのユーザインタフェイスを示す。この図では，SDタグである「システム開発」をキーに，個人間リンクを介して複数のメン

第2章　ユニークなeラーニング利活用

図2-3-3　Hyperblogのユーザインタフェイス

バーが表現した研究知が探索され，リスト表示されている。

　Hyperblogシステムを長期間運用した結果，さまざまな切り口での研究知の共有・学びあいが可能となるようなblogエントリー構造を作り出すことができた。同時に，最新のblogエントリーに注目が集まりすぎて，蓄積されている研究知の探索が行われにくいという問題点も見出された。そこで，blogエントリーを閲覧する目的（未知の気づきを得ること，研究知の獲得／見直し／洗練）ごとに探索対象と探索手順を整理した探索スキーマを設計し，メンバーに提供することで蓄積blogの探索を活性化する試みも実施した。その結果，個人間リンクで関連づけられた蓄積blogの探索・閲覧が促進され，研究知の学びあいが促進される可能性が示唆された（柏原・大塚 2012）。

　なお，ラボでは，研究知を表現することが自分自身およびラボ全体に貢献す

ることになるため，オンラインラボ上で表現する動機づけの必要性は低いと考えられるが，表現された研究知の妥当性や価値を積極的に吟味し，また中心メンバーがラボを去った後でも蓄積された研究知を積極的に活用するようなメンバーが，研究知の進化・継承を支える上で必要である。このようなメンバーをリーダとして同定あるいは育成することは，オンラインラボの持続的な発展にとって極めて重要な課題といえる。

③ プレゼンテーションスキル習得環境

ここでは，研究活動における「認知スキル」に限定して，スキル習得とその支援について検討する。まず，ラボでは，研究初心者が自力で研究遂行に必要となる高度なスキルを身につけることは至難の業であり，より熟練度が高いメンバーの研究活動を手本として経験を積むことが必要不可欠といえる。認知的徒弟制では，手本となる認知プロセスをモデル化し（Modeling），モデル通りにプロセスを遂行するための支援（Coaching, Scaffolding/Fading）を受けながら，プロセスを自己評価する（Articulation/Reflection），あるいはさまざまな文脈で遂行する（Exploration）ことが，認知プロセス遂行スキルの習得に必要であることが強調されている（Collins 2006）。このうち，熟練者のスキルを手本とすることが理論の本質であり，手本を基盤としてスキル習得の実践が想定されている。

このような認知スキルの習得支援をシステマティックに実現するためには，スキルを何らかの形で表現してラボメンバーで共有することが必須であり，その表現を使った研究活動の経験を積むことが不可欠である。認知スキル表現の共有には，これまで述べてきた情報共有向けのソーシャルメディアが利用可能であるが，いかに認知スキルを表現するかが最も重要であり，その上でスキル習得を実践する場を提供することが必要となる。

筆者らは，研究活動の中でもプレゼンテーションに焦点を当て，スライドを構成単位とするプレゼンテーションドキュメント（P-ドキュメント）の作成に必要な基本スキルの習得を検討してきた（Kashihara et al. 2012）。P-ドキュメント作成では，研究内容について何をどのような順で表現するかを考えて個々の

第 2 章　ユニークな e ラーニング利活用

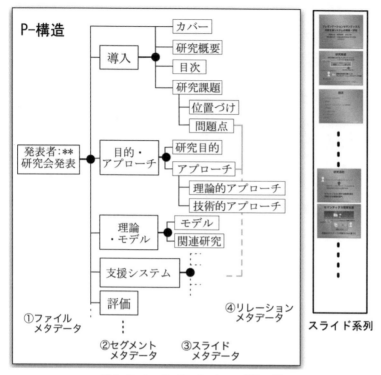

図 2-3-4　プレゼンテーション構造の例

スライドおよびその系列を作ることが重要である。そのためには，研究内容を分節化・系列化することが必要である。ここでは，分節化・系列化の結果得られる構造をプレゼンテーション構造（P-構造）と呼ぶ。図 2-3-4 に，ある P-ドキュメントの P-構造の一部を示す。P-構造は，P-ドキュメントを構成するスライドのメタデータを用いて表現されている。メタデータは，①ファイルメタデータ，②セグメントメタデータ，③スライドメタデータ，④リレーションメタデータ，の 4 種類で構成されている（Hasegawa 2013）。

　一方，研究初心者による P-ドキュメント作成では，研究内容の肝要な部分や言及すべき点（扱おうとしている問題は何か，研究の目的は何かなど）がしばしば抜け落ち，またスライド順序が的を射ない場合も多い。これは，研究プレゼ

ンテーションで求められるP-構造を十分に理解していないことを示すものである。そこで，ラボに蓄積されたP-ドキュメント群に共通してみられる典型的なP-構造をプレゼンテーションスキーマ（P-スキーマ）として抽出して，これをP-構造作成の手本とみなすとともに共有すべきスキル表現とした。

また，P-ドキュメント作成スキルを高めるためには，P-スキーマを用いてP-ドキュメントおよびそのP-構造を作成する経験を積む必要がある。ただし，研究初心者にとって自らのP-ドキュメントを作成する機会は限られている。そこで，P-ドキュメントを「作る」文脈に加えて，熟練度のより高いメンバーが対外的な発表で用いたP-ドキュメントを「学ぶ」文脈を設定し，研究内容を記述した論文原稿とP-ドキュメントから，そのドキュメントに内在するP-構造を作らせることで，経験を積み重ねさせる方法を提案してきた（Shibata et al. 2013）。ただし，「学ぶ」文脈では，すでに研究内容からの分節化が済んでいるP-ドキュメントを理解することが主なタスクとなる。

以上のように，2つの学習文脈のもとで，P-スキーマを足場としてP-構造の作成を支援するシステムを，Microsoft社PowerPointのアドインとして開発した。本システムでは，図2-3-5に示すように，P-ドキュメントを「作る」あるいは「学ぶ」文脈において，P-スキーマを参照しながらスライド系列に内在すべき（あるいは内在している）P-構造を作る場を提供する。また，「学ぶ」文脈では，事前に準備されたP-構造と，学習者が作成したP-構造との比較から診断を行い，P-構造の作成をガイドする機能も有している。本システムを用いたケーススタディの結果，P-ドキュメントを「作る」文脈において，P-スキーマが研究内容の分節化・系列化を促すとともに，より良いP-構造の作成に貢献する可能性が示された。また，「学ぶ」文脈でのP-構造作成経験が，「作る」文脈でのP-構造作成に転移する可能性が確かめられた（Shibata et al. 2013）。これらの結果は，認知スキルの習得支援にあたって，手本となるスキル表現を共有し，その利用経験を積むことが重要であることを示唆するものといえる。

第 2 章　ユニークな e ラーニング利活用

図 2-3-5　P-スキーマを足場とする P-構造作成支援環境

2.3.5　キャンパスにおけるコミュニケーション支援

① 緩やかにつながったコミュニティ活動

　キャンパスにおけるコミュニティでは，学内における教職員や学生，および場合によってはその OB/OG がメンバーとなり，また必ずしも面識があるわけではない者同士が集う。また，クラスルームやラボのようにコミュニティ全体で統一された目的はなく，多種多様なメンバーがそれぞれの目的のもと情報を発信・受信するコミュニティである。そのソーシャルな活動として，(1)情報交換，(2)サブコミュニティ形成，を挙げることができる。

　まず，キャンパスでは，講義情報や就職・進学情報をはじめ，サークル活動，学内イベント，趣味など，クラスルームでの学習情報とは異なるインフォーマ

ルな情報の交換が行われる場合が多い。特に，多種多様な情報が発信されることから，予期していない情報に偶然気づく可能性が高く，何らかの学びのきっかけが頻繁に得られると考えられる。また，情報交換からメンバー間でコミュニケーションが生まれ，個人的な人間関係を築くことにもつながる。

一方，発信される情報が過多あるいは過少の場合，偶然性のある気づきは得られにくくなる。そのため，メンバーから情報が発信されるように動機づけを行うとともに，情報過多となる場合は発信情報のフィルタリングや，注目すべき情報の推薦などを行い，気づきを促進することが重要となる。また，面識のない間柄では，人間関係を築く際の心理的ハードルは低くないため，情報交換からコミュニケーションを促す工夫が必要となる。こうした個人的な関係の構築を促進することは，メンバーのコミュニティに対するコミットメントを高めることにもつながると考えられる。

次に，コミュニティ内での情報交換を介して，同様の情報に興味を示すメンバー間でコミュニケーションが促進されると，それがサブコミュニティ形成の端緒となる場合がある。サブコミュニティ形成は，メンバー間の緩やかな結びつきからより密なる結びつきへの移行を伴い，また情報交換から情報共有へとメンバー間のコミュニケーションの目的も移行する。

ただし，サブコミュニティの形成に際して，メンバー間で各自のバックグラウンドやパーソナリティを理解し合うことが重要となるが，個人情報の公開を伴うため必ずしも相互理解が促進されるとは限らない。しかしながら，こうした相互理解なしでは，サブコミュニティが形成されたとしても情報発信を行う動機づけがなされず，メンバー間のコミュニケーションが活発に行われることも難しいと考えられる。そのため，密に関連しそうなメンバー間で相互理解が得られるような仕組みが重要となる。

② 情報交換とコミュニティ形成の支援

ここまで述べたきたソーシャルメディアとしてのコミュニティサイトは，情報交換およびコミュニティ形成の基本機能を有しており，これらを活用することでキャンパスにおけるコミュニティ活動の場を提供することができる。コ

ミュニティサイトでは，通常 blog 形式でインフォーマルな情報を記述し，投稿しあうことでメンバー間の情報交換が可能である。投稿された情報は，サイト内で蓄積・共有されるが，投稿数が増えると気づくべき情報が見落とされてしまう。また，オンラインコミュニティでのソーシャルキャピタルやプレゼンスを得ようとする動機づけがなされなければ投稿数は増えず，コミュニティ全体が停滞することになる。さらに，オンラインでのコミュニケーションから個人的な関係を構築するため，実世界と比べて関係を築く際の心理的ハードルは低いと考えられるが，密な関係の構築には相手のことを理解することが不可欠である。コミュニティサイトでは，自分のプロフィールを公開する機能などがあり，これらを用いることで他のメンバーについて知る機会は得られる。しかしながら，どのメンバーと密な関係を構築できる見込みがあるかは必ずしも明確ではなく，他のメンバーとのインタラクションを通して相互理解を深めることが必要となる。

以上のような問題を解決するためには，メンバーの興味や嗜好などに関連する投稿のみ検索・閲覧・分類することでメンバー個人に応じた気づきを促すような適応的な支援や，同様の興味や嗜好を有すると考えられるメンバーを検索して，そのメンバーのプロフィールや投稿の閲覧を促し，個人的な関係やサブコミュニティ形成のきっかけを与えるような支援が考えられる。また，自分の投稿を閲覧した他のメンバーを知ることができる足あと機能を利用することで，自分に興味をもったメンバーを同定し，密な関係を築くきっかけを作るような支援も考えられる。

筆者らも，学生とその OB/OG がメンバーとなり，就職に関わる経験情報を交換し合いながら就職活動を支援する OpenPNE 基盤のコミュニティサイトを構築してきた（長谷川 2010）。本サイトでは，OB/OG メンバーから彼らの就職活動経験や現在の仕事に関する情報をいくつかのテーマに分けて投稿してもらい，学生メンバーがそれらを閲覧し，必要に応じて OB/OG とコミュニケーションをとることで個人的な関係を築く場を提供している。就職に関する経験情報を共有する目的に限定されたコミュニティではあるが，メンバー間には先輩・後輩の関係があるものの，必ずしも知り合いではなく，個人的な関

係を構築する際にも心理的な負担がかかると予想される．こうしたコミュニティでは，OB/OG にとって後輩である学生の役に立とうとする心理が働き，学生に対するソーシャルキャピタルやプレゼンスが投稿の動機になると期待できるが，本サイトでは投稿テーマを明確にすることによって投稿のさらなる促進を図っている．また，学生 - OB/OG 間に個人的な関係を築く前段階として，学生が関心を寄せる OB/OG の投稿をトレースできる機能を実現した．このトレース機能では，OB/OG の意向によらず，学生が希望する OB/OG の投稿を常時追従できるようにしている．本サイトを運用した結果，これらの機能がおおむね有効であることが確認できた反面，個人的な関係の構築支援が学生から OB/OG への一方向的に行われるため，OB/OG にとってどのような学生との関係が築かれようとしているのかが見通し難いという問題点も確認した．これは，個人的な関係構築では相互理解をいかに高めるかが鍵を握ることを示唆するものと考えられる．

2.3.6　まとめ

　昨今の Web テクノロジーの顕著な進展は，SNS の多様化と高度化をもたらすとともに，さまざまなソーシャルメディアを創出し，ソーシャルラーニングの新たな可能性を拓く原動力となっている．同時に，人工知能をはじめとする知的情報処理技術を用いることで，より高度なソーシャルラーニング支援が実現可能なものとなってきている．本稿では，こうした背景のもと，高等教育を対象にソーシャルメディアを基盤とするソーシャルラーニング支援について述べた．特に，クラスルーム，ラボ，キャンパスの３つの異なるコミュニティを取り上げて，それぞれのコミュニティにおけるソーシャルラーニングの問題とその解決に求められるソーシャルメディアの支援機能，ならびに支援に関する課題を論じた．

　今後も，ソーシャルラーニングの基盤となるソーシャルメディアやその上での学習情報の処理技術・コミュニケーションの支援技術はますます高度化されることが予想されるが，高度な技術を導入すればソーシャルラーニングから得られる利得が必ず向上するわけではない．ソーシャルラーニングにおいて何が

重要かを見極め，周囲とのコミュニケーションを通してそれをどのように学ぶのか（学ぶべきか）をモデル化し，モデルに沿ったインタラクションを生み出すようなソーシャルメディアや学習情報処理技術を適宜導入してソーシャルラーニング環境を構築することが極めて重要である。このようなアプローチによって，よりシステマティックでかつ質の高いソーシャルラーニング支援が可能になるといえる。

　以上のようなモデルベースの学習環境デザインに関する研究が重ねられ，ソーシャルラーニング支援の全容が明らかになる日が来ることを期待したい。

参考文献

Bingham, T., and Conner, M. (2010) *The New Social Learning: A Guide to Transforming Organizations Through Social Media*, Berrett-Koehler Pub.

Collins, A. (2006) "Cognitive apprenticeship," R. Keith Sawyer (ed.), *The Cambridge Handbook of the Learning Sciences*, Cambridge University Press, 47-60.

Griffin, P., Murray, L., Care, E., Thomas, A., and Perri, P. (2010) "Developmental assessment: Lifting literacy through professional learning teams," *Assessment in Education, Principles, Policy & Practice*, 17(4): 383-397.

永留圭祐・柏原昭博・長谷川忍 (2011)「研究コミュニティ知の表現・構造化を支援するHyperblogシステムの開発」『教育システム情報学会誌』28(1): 94-107.

長谷川忍・高橋咲江・柏原昭博 (2010)「インフォーマルな経験情報の共有に基づく就職活動支援SNSの開発」『教育システム情報学会誌』27(2): 174-186.

長谷川忍・柏原昭博 (2011)「ネットワークコミュニティにおける教育・学習支援のための要素技術」『教育システム情報学会誌』28(1): 9-20.

Hmelo-Silver, C. E., Chinn, C. A., Chan, C., and O'Donnell, A. M. (eds.) (2013) *The International Handbook of Collaborative Learning*, Routledge.

Kashihara, A. and Hasegawa, S. (2012) "A Scaffolding Framework for Creating Presentation Documents in Research Group," Proc. of Society for Information Technology & Teacher Education International Conference, 25-28.

柏原昭博・大塚将斗 (2012)「研究知の持続的共有・学びあいを支援するHyperblogシステム」『教育システム情報学会研究報告』27(2): 103-106.

松浦健二・中村勝一 (2011)「SNSを用いた学習・教育支援システムの設計・開発」『教育システム情報学会誌』28(1): 21-35.

村上正行・山田政寛・山川修 (2011)「SNSを活用した教育・学習の実践・評価」『教育システム情報学会誌』28(1): 36-49.

Oishi, C., and Kashihara, A. (2012) "Backchannel of Interactions in Class," Proc. of 2012 IIAI International Conference on Advanced Applied Informatics, 320-323.

Shibata Y., Kashihara, A., and Haseagwa, S. (2013) "Skill Transfer from Learning to Creating Presentation Documents," Proc. of International Conference on Information Technology Based Higer Education and Training, ISBN: 978-1-4799-0086-2

Vygotsky, L. S. (1980) *Mind in Society: Development of Higher Psychological Processes*, Cole, M., John-Steiner, V., Scribner, S., and Souberman, E. (eds.), Harvard University Press.

Wenger, E. (1998) *Communities of Practice: Learning, Meaning, and Identity*, Cambridge University Press.

第3章

eラーニングの現状と今後の課題

柏原昭博

　ICTを基盤として学習の質を高めるというeラーニングの考え方は，第1章から第2章にかけて見てきた通り，人間が学習する場（あるいは文脈）の拡大に大きく寄与している。現在のeラーニングに関するシステム研究は，こうした多様な場における学習支援や教育の質を維持する，あるいは高めるべく推進されているといっても過言ではない。

　本章では，これまでの章で紹介した高等教育機関におけるeラーニングを，対象とする学習の場とその質的向上という観点から総括するとともに，今後解決しなければならない課題をまとめる。

3.1　LMSが提供する学習の場

　LMSは，オンライン上のコースウェアを管理・運用するためのシステムであり，履修科目のコースや教材コンテンツ，課題・テストなどを提供するとともに，学習者プロファイルや学習履歴情報を活用することでより良質な学習支援を実現することを目的としている。eラーニング以前から存在するCAIやITS（Intelligent Tutoring Systems）と呼ばれる個別学習支援システムと同様に，基本的に個々の学習者による学びの場を提供するシステムと捉えることができる。それに加えて，LMSでは複数の科目コースを同一のプラットフォームで学ぶことができ，またWebから科目コースへのアクセスを可能とすることで時間的・空間的な制約を受けずに「いつでも・どこからでも」学ぶことができるような環境を提供する。さらに，科目横断的に学習履歴情報を蓄積することで，学習者による履修進捗管理を支援することも可能としている。このように，

LMSは個々の学習者による科目履修のための仕組みを有する基幹システムと位置づけることができる。

また，第1章1.2節において，これまでのLMSで提供できる学習の場は，教材を学ばせ，レポートあるいはテストを課すという従来型スタイルのデジタル化に過ぎないという指摘がある一方で，昨今のLMSは学習者による学び，あるいはその支援の質を向上させるためにさまざまな機能が提供可能であることを示してきた。学習支援の質的向上については，これまでITSやILE (Interactive Learning Environments) 研究の中心課題として，学習者モデリングや学習者モデルに基づく高度な適応的支援の実現が試みられてきた。LMSでは，こうした高度な支援を組み込むことは困難であるが，学習者とのインタラクションを可能とし，学習者から得られる学習者プロファイルや学習履歴情報等に応じた標準的な教材提示を実施することができる。

たとえば，Moodleでは学習者とのインタラクションを可能とする対話型コンテンツを提供することが可能である。また，多数存在する外部プラグインを適宜用いることで学習者情報を蓄積するeポートフォリオ機能を追加することができ，さらにSCORM 2014プラグインを導入することで学習者の理解状態に適応した教材提示を実現することもできる。Sakaiでも同様に，オープンソースプロジェクトとして参画している大学などの組織が継続的に開発や保守を進めている学習支援サービスを利用することで，より質の高い学習の場を提供することができるようになっている。

また，LMSでは，科目コース履修を通じて複数の学習者から大量の学習結果や学習履歴のデータ（学習データ）を収集することができる。こうした大量の学習データを分析することで，教師による科目コースや教材コンテンツの改善を支援することができる。

一方，LMSにおいて必要な学習支援環境を構成するためには，標準装備された機能に加えて外部プラグインを組み合わせて科目コースのオーサリングを行う必要があるが，そのコストは非常に高いのが現状である。第1章1.1節におけるELECOAアーキテクチャーはオーサリングコスト軽減を図る一つの有用な試みとみなすことができる。しかしながら，現状では，LMSの標準的な

機能としてオーサリング支援は装備されていない．LMS による学習の場をより低コストで構成する仕組み作りは，今後の重要な課題である．

また，LMS の利用から収集される大量の学習データやeポートフォリオのマイニング処理を通して，学習プロセスの傾向や学習の困難さなどを分析することが期待できる．こうした大量データの分析は，EDM（Educational Data Mining）や Learning Analytics の分野で研究成果が積み重ねられているところであるが，データ分析結果に基づく学習の質的向上の試みは緒に就いたばかりである．今後，LMS 利用拡大が予想されることからも，大量のデータ分析に基づくシステムの改善は極めて重要な課題であり，学習の質を高める革新的な方法として期待される．

3.2 ユニークなeラーニングの場

3.2.1 遠隔学習の場

遠隔学習システムは，講義が行われる場（講義を配信する場）とは空間的に離れた遠隔地をインターネットで接続することで，遠隔地にて講義を受講し，学ぶ機会を設けるシステムのことである．特に，遠隔地接続のためのインフラ整備と通信品質の向上を図り，学習者による講義の受講・学習の質を維持する，あるいは高めることを目的としている．

通常，遠隔学習システムでは講義と同期して受講する（同期受講），あるいは非同期で受講する（非同期受講）場が提供される．同期受講では，講義の状況を映像・音声データとして配信し，さらに先進的な通信技術を用いることで高品質なデータ配信を実現して講義の真正さを高めている．

しかしながら，対面での受講と比べて，遠隔地での受講は緊張感や臨場感に欠ける傾向がある，講師から受講者の理解状況や反応が把握しがたい等の問題がある．現在，これらの問題に対して，第2章2.1節で論じられたような講義の場と遠隔地の場を技術的に重ねてつなぐことで臨場感を高める等，さまざまな解決策が講じられている．

次に，非同期受講では，事前に対面講義の映像・音声をデジタルデータとし

て収録した講義アーカイブを作成し，学習者の要求に応じて配信することで受講を可能としている．これは，受講だけではなく，講義復習の用途にも資するものである．また，対面講義を単にビデオ撮影して記録したアーカイブでは，板書内容が見づらい，講師が話す内容と講義資料との対応関係が取りにくい等，受講の質が落ちやすい．そこで，講義映像・音声に加えて講義資料などを統合するような編集を加えて講義アーカイブを作成することが一般的となっている．しかしながら，第2章2.1節で述べられたように，編集にかかるコストは決して小さくない．今後，編集コスト軽減を可能とする講義アーカイブの自動生成手法の確立が待たれるところである．

一方，遠隔地での学習の質的向上を図るためには，講義に関するデータをいかに遠隔地へ伝達するかだけではなく，遠隔地側の情報を収集・分析して講義の場へ伝達することも必要である．特に，遠隔地の受講者に関する学習データを収集・分析して遠隔地での学習傾向や，講義の場との違いを明らかにし，受講や学習の妨げになっている原因を同定することで，学習の場の改善に役立てることが必要になると考えられる．こうした分析手法の開発は，遠隔学習システムにおける今後の重要な課題になると考えられる．

さらに，遠隔学習システムは，講義の形式や実施形態，遠隔地の受講者の特性などを要因として構成・運用される必要があるが，その構成・運用方法は未だ確立されていない．第2章2.1節で示されている UML を用いたデザインパターンは，遠隔学習システム構成を方向づける有用な試みと位置づけることができ，今後の進展が期待される．

3.2.2 大学間連携が提供する学習の場

大学間連携システムは，複数の大学が連携してeラーニングサービスを提供するためのシステムであり，個別の大学が運用する LMS 等の諸機能やデータを共有することで，効率的にeラーニングを運用すること，並びに他大学における学習経験を通して研鑽を積む場を提供することを目的としている．特に，第2章2.2節で述べられたように，地域に属する複数の大学が協調して，その地域づくりに携わる人材を育成するような場合，一つの大学だけではなく地域

全体として複数の大学が相補的に連携し，学習者に研鑽を積ませる場を提供することは非常に有用であると考えられる。このような地域に資する人材育成は，大学間連携システムの一つのモデルケースといえる。

　大学間連携システムでは，遠隔学習システムと同様に，同期・非同期で複数の大学が提供する講義を相互に受講する，あるいは科目コースや教材コンテンツを共有する場を提供する。こうした場を実現するための技術的なシステム連携では，各大学のeラーニング運用の独自性を維持しながらLMSを連携する方法として認証連携が採用されている。これは，大学ごとに分散して保有されたLMSを疎結合でつなぎ合わせる方法である。第2章2.3節では，四国での大学間連携を例に，Shibbolethを用いたLMS認証連携の技術的な仕組みが詳しく説明されており，大学間を跨いでシステムへの認証をスムーズに行えるようにすることで，講義受講あるいはコンテンツ共有を実現しており，eラーニングによる地域への実質的な貢献が期待されている。

　さらに，大学間連携では，システムや技術面での連携のみならず，学生の履修に関して大学組織間でさまざまな取り決めを行うことが必須である。四国の取り組みでは，e-Knowledgeコンソーシアム四国を設立し，組織面での大学間連携を実働させている。

　一方，大学間連携を通して学習者が効果的に研鑽を積み重ねることができる場を提供することも重要である。そのための一つの施策として，自大学のLMSに蓄積された学習データだけでなく，他大学の講義活用で蓄積される膨大な学習データやeポートフォリオの情報も分析対象として，分析結果を連携大学全体で共有し，より戦略的に研鑽の質を高め，目的とする人材の育成に活かすような仕組みを構築することが必要となる。今後，こうした大量データの分析を通して，より質の高い大学間連携の実現に研究課題が推移していくことが期待される。

3.2.3　ソーシャルラーニングの場

　ソーシャルラーニングの支援環境は，SNSに代表されるソーシャルメディアを基盤として，コミュニティにおける学習者間のインタラクションを通して

学ぶ場を提供する。そして，学習者個人では得られにくい気づきを与える，あるいはコミュニケーションスキルや高度な学習スキルの習得を支援することを目的としている。通常，オンラインコミュニティとして，学習に関わる情報（学習情報）をコミュニティメンバーから収集するとともに，コミュニティ全体で蓄積・共有し，それをもとにメンバー間のコミュニケーションを促す仕組みを有している。

　なお，コミュニティの目的や規模，メンバー間の関係性によって，共有されるべき学習情報やメンバー間のコミュニケーションの仕方は異なるため，それに見合うソーシャルメディアを活用する必要がある。たとえば，第2章3節ではクラスルームにおいて講義の活性化を目的としてメンバーの意見や疑問を共有するために，即応的に意見・疑問を表現・閲覧可能とするTwitterのようなマイクロブログが利用されている。また，ラボにおいて日々生成される研究知をメンバー全員で表現・共有して洗練するために，blogで研究知の表現・蓄積・共有を可能とするSNSベースのコミュニティサイトが用いられている。

　また，オンラインコミュニティにおけるソーシャルラーニングの活性化を図るためには，学習情報を共有するだけでなく，蓄積された学習情報の分類・構造化・可視化や，学習情報の推薦・学習情報からの集合知抽出などの知的処理を施し，メンバー間での学習情報のやりとりを促進する機能が必要である。このような観点から，現在さまざまな目的を有するコミュニティを対象として，ソーシャルラーニングの質的向上を図るべく支援機能の研究が進められており，今後の進展が期待される。

　一方，オンラインコミュニティの運用では，メンバーから有意義な学習情報が発信されることが前提となるが，発信のための動機づけがなされなければ学習情報が表現されず，ソーシャルラーニングが起こりにくい状況に陥ってしまう。これは，オンラインコミュニティの存続にも関わる重大な問題である。このような問題に対して，コミュニティにおける人間関係を築き，自らの存在感を高めることに意義を感じて，オンラインコミュニティに貢献しようとする態度を培う，あるいは貢献できる人材を育成することが求められる。こうしたアプローチこそが，コミュニティ全体を活性化し，ソーシャルラーニングの質的

向上にもつながると考えられる。また，そのための技術的支援手法の開発は，今後のソーシャルラーニング支援にとって極めて重要な課題といえよう。

第Ⅱ部
eテスティング

第4章

eテスティング研究の最先端

4.1 eテスティングの発展

赤倉貴子

4.1.1 eテスティングとは

 eテスティングとは,コンピュータを用いて出題,実施されるテストの総称である。但し,単にペーパーテストのペーパーをコンピュータに置き換えただけのものでない。著者はその大きな利点は2つあると考えている。それは,
(1) テストをコンピュータを使って実施することにより,ペーパーテストでは収集できない情報を大量に得ることができること。
(2) 大規模な出題項目(テストの問題)データベースを含む,出題項目を管理するためのアイテムバンクを構築できることから,受験者の能力を測定するために最適な項目を出題できる適応型テストの構成が容易であること。

である。
 アメリカでは,多くのテストがペーパーテストからコンピュータ化されたテストへ移行していることが指摘(池田 1997:363-366)されてから既に20年近くたつが,我が国でも,パーソナルコンピュータが普及し始めた1980年代から,コンピュータ上でテストを行うことが試みられていた。この頃は現在のようにインターネットが普及していなかったので,スタンドアロン型コンピュータを用いて,記憶媒体としてフロッピーディスクを利用し,このフロッピーディスクにテスト実施システムおよび問題(項目)ファイルを入れて,学習者に配布し,学習者の回答もそのフロッピーディスクに保存して,テスト終了後に回収

第4章 eテスティング研究の最先端

するというやり方であった。教授者側は，テストの結果分析システムをスタンドアロン型コンピュータに置き，フロッピーディスクを1枚1枚読み込んで採点および結果分析を行っていた。その後，1990年代になると，通信ネットワークの急速な発展により，大規模試験のコンピュータ化が進んだ。アメリカにおいては，医師，看護師，獣医師，弁護士のような専門職の免許認定試験から始まって，各種のテストがコンピュータ化された（池田 2000：3-13）。そして，インターネットの普及により，上述の大規模試験ではなくても，テストの出題，実施，回答の回収等をネットワーク上で行えるシステムの開発が進んだ。さらに21世紀を迎える頃より，いつでもどこでも学べるをコンセプトとしたeラーニングの可能性に関心が集まり，それに伴ってeラーニングの1つの機能として，eテスティングシステムおよびその方法論の開発も進んできた。現状のeテスティングシステムの一般的な形態を図4-1-1に示す。

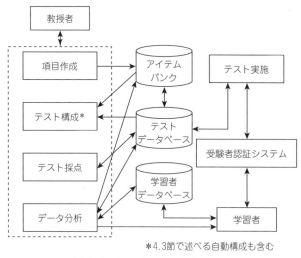

＊4.3節で述べる自動構成も含む

図4-1-1　eテスティングシステム

本章では，eテスティング研究の最先端技術について紹介するが，図4-1-1の破線枠部分の「項目作成」「テスト構成」「テスト採点」「データ分析」については，「項目作成支援」「テスト構成支援」「テスト採点支援」システムなどの形で数多くの研究が行われており（前書[1]，本書4.2節，4.3節もこの研究であ

る），また成書も多い（植野・永岡 2009 など）。これらは，冒頭に述べた e テスティングの利点のうち，(2)に焦点を当てた研究である。利点(2)に関する研究については，4.2節および4.3節，前述の成書や論文に譲ることとし，(1)に焦点を当てた研究については，本書第5章5.3節にて紹介する。

本4.1節では，e テスティング研究の最先端の一つとして，e テスティングにおける「なりすまし」防止を目的とした認証技術研究，すなわち図4‐1‐1 中の受験者認証システムの現状と課題について述べる。

4.1.2 e テスティングにおける受験者（個人）認証法

① 認証に対する考え方

一般的によく使われる ID とパスワード（以下，PWD と称す）による認証では，試験中に人が入れ替わり，「なりすまし」を行うことが容易である（図4‐1‐2）。あるいは，ID と PWD そのものを他人に教えてしまえば，最初からなりすましが可能である。

図4‐1‐2　e テスティングにおける「なりすまし」

また，試験時間が60分として，その60分すべてを監視することを目的とするならば，ID と PWD のような方法では，試験時に何度もそれらの入力を求めることとなり，本来の受験の障害となってしまう。したがって，試験における個人認証は，

---

(1) 受験者の通常の受験行為以外の操作を求めない
(2) 受験時間中のすべての時間で認証が可能である

が条件となる。(1) (2)を考えると，バイオメトリクスが有効であると考えられるが，虹彩を初めとする「目」に関する情報は，画面を見ているとき（問題を読んでいるとき），手書きしているとき，などで複雑に変化し，受験者に無理な姿勢を強制することになりかねない。また，指紋などは，その指紋を採取する

ために，試験時間のすべてで，指をどこかに載せておく，などの不自然な動作を要求することになる。そこで，著者らは，受験者の手書き解答に手書き文字認証を応用することを考えた。試験では常に答案用紙に解答を記入しているという状況に照らし，タブレットで解答を記入することとし，記入された文字が本人のものかどうかを判定（予測）することで，なりすましが行われているかどうかを判断する方法である（図4-1-3）。

図4-1-3　筆記情報を用いた受験者認証法

　このような認証は，あらかじめ手書き文字データを登録しておいて，その登録データと受験時に入力したデータを比較することによって行う。登録は，たとえば履修登録の時期などを想定している。

② 筆記情報を用いた個人認証法：試案Ⅰ・Ⅱ　登録文字と採取文字の比較

　手書き文字による認証には，静的情報を利用した認証と動的情報を利用した認証がある（バイオメトリクスセキュリティコンソーシアム 2006）。静的情報とは，いわゆる「筆跡」などの形態情報である。一方，動的情報とは，図4-1-4に示すように，ペンタブレットより取得することができるx座標，y座標，筆圧，ペンの仰角や方位角などの筆記運動の情報である。字を書いている時間すべてで取得できるデータであり，逐次データ，時系列データとして分析できる。

　本書で紹介する認証法は，x, y座標（$0 \leq x \leq 8000$, $0 \leq y \leq 6000$），筆圧 p（$0 \leq p \leq 1023$），仰角 θ（$26 \leq \theta \leq 90$），方位角 φ（$0 \leq \varphi \leq 359$）を利用している。著者らが開発してきた筆記情報による認証法は，表4-1-1に示す3つが主たるものであるが，試案Ⅰ・Ⅱの主たる方法については，教育工学選書第Ⅰ期における前書（赤倉 2012：69-91）にて紹介したので，本書では，試案Ⅰ・Ⅱは概要を述べるにとどめ，試案Ⅲの認証法について詳しく紹介する。

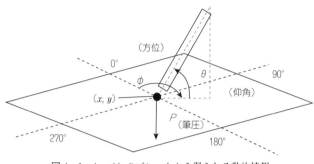

図4-1-4　ペンタブレットから得られる動的情報

表4-1-1　3つの認証法（赤倉 2013）

認証法	利用する情報	登録文字
試案Ⅰ	静的情報（筆跡；文字の形） 動的情報（筆圧）	「あ」～「お」
試案Ⅱ	動的情報（筆圧，xy座標，方位角，仰角，筆記速度）	「あ」～「お」
試案Ⅲ	動的情報（筆圧，xy座標，方位角，仰角，筆記速度）	文字の分割パーツ

試案Ⅰ：多肢選択式試験における「静的情報」と「動的情報」の利用

（Kikuchi et al. 2008：213-220, 菊池ほか 2010：383-392, 前書（赤倉 2012：81-85））

　ペンタブレットを用いて，ひらがな1文字「あ」～「お」の中から正しい選択肢を1つ選択して記入する問題。解答として書かれたひらがな1文字の静的情報と動的情報を利用する。静的情報としては，いわゆる筆跡（文字の形）を利用し（局所円弧パターン法），動的情報としては筆圧（筆圧局所パターンマッチング）を利用する。静的情報も動的情報もあらかじめ「あ」～「お」の文字を記入してもらってデータを登録しておく。そして，テスト受験時に記入された文字データと照合して，その類似度で本人かどうかを判定する（図4-1-5）。

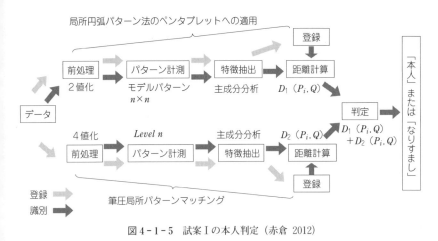

図4-1-5 試案Ⅰの本人判定(赤倉 2012)

試案Ⅱ：多肢選択式試験における「動的情報」の利用(米谷ほか 2010：53-56,前書(赤倉 2012：86-88))

　ペンタブレットを用いて，ひらがな1文字「あ」～「お」の中から正しい選択肢を1つ選択して記入する問題。動的情報はあらかじめ「あ」～「お」の文字を記入してもらってデータを登録しておく。そして，テスト受験時に記入された文字データと照合して，その類似度で本人かどうかを判定する。類似度はDPマッチング(Jain et al. 2002：2963-2972)によって距離を計算する。DPマッチングは，動的計画法を利用して2つの系列パターンの類似度を表す距離を計算する方法であり，2つの系列が似ているほど値は小さくなる。詳細な計算方法については，前書(赤倉 2012：86-88)および米谷ほか(2010：53-56)を参照されたい。試案Ⅰとの違いは，静的情報は利用せず，動的情報のみを使うこと，および文字を1画目，2画目と字画ごとに分けて，解答として書かれたひらがな1文字のうち，本人の特徴がよく表れている字画とそうでない字画に異なる重みをつけ，総和をとることで，筆記情報全体の距離を計算するところである(図4-1-6)。

③ **筆記情報を用いた個人認証法：試案Ⅲ　任意の漢字に対する字画分割**

　ここでは，②で述べた方法論のうち，試案Ⅲについて，4つの方法(試案Ⅲ

第Ⅱ部　eテスティング

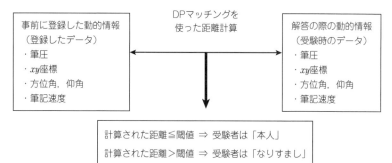

図4-1-6　試案Ⅱの本人判定（赤倉 2012）

―1〜試案Ⅲ―4）を紹介する。

　　試案Ⅲ―1：少数の文字登録に字画分割を適用して，異なる文字の認証を可能にした認証法（吉村ほか 2012：144，吉村ほか 2013：1-6，Yoshimura et al. 2013：431-436）

　試案Ⅰ，Ⅱは，あらかじめ決められた文字を登録する必要があるため，多肢選択式試験に限られる。しかし，記述式問題など，日本語を使ったテストでは，登録データが少なくても認証できる方法が理想的である。そこで，異なる漢字を使って認証を行うために，登録データと採取データの類似部分を比較することを考えた。認証の流れを図4-1-7に示す。

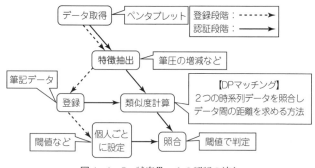

図4-1-7　試案Ⅲ―1の認証の流れ

第4章　eテスティング研究の最先端

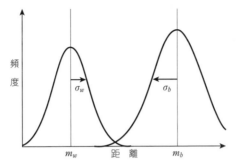

図4-1-8　本人と他人の分布（中村・木戸出 2009）

　文字を事前に登録する過程は，試案Ⅰ・Ⅱと同じであり，登録用と認証用の漢字にサブストローク分割（中井ほか 2000：1825-1835）を適用し，各サブストロークの筆圧，仰角，方位角，筆記速度について，試案Ⅱ同様，DPマッチングによって距離を計算する。また，個人ごとに特徴のあるサブストロークに重み付けをするために，分離性尺度 S（中村・木戸出 2009：37-47）（式1）を利用する。分離性尺度は，値が大きいほど個人内距離と個人間距離の分布が離れていることを示しているので（図4-1-8），個人の特徴を表す指標として使うことができる。中村・木戸出（2009：37-47）は，S の値が0.707以上が個人の特徴が表れているとしている。

$$S = \frac{|m_w - m_b|}{\sigma_w^2 \sigma_b^2} \quad (1)$$

　　m_w：個人内 DP の平均　　　m_b：個人間 DP の平均

　　σ_w^2：個人内 DP の分散　　σ_b^2：個人間 DP の分散

　具体的には，まず，漢字を画に分け，その画を始筆（s），送筆（m），終筆（e）に分割し（図4-1-9），位置座標をもとに，8方向のいずれかに分類する（図4-1-10）。なお，始筆，送筆，終筆の分割には，筆圧を用いることによって，個人ごとに字画分割の割合を変化させた。図4-1-11 に示すように，分割した採取データと同種類の登録データを DP マッチングにて距離を計算する。この方法によって，登録データは少なくても，各種の漢字にあてはめることができる。

第Ⅱ部　eテスティング

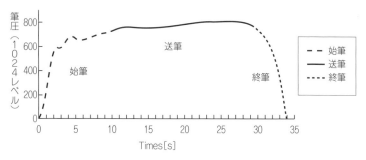

図4-1-9　始筆・送筆・終筆分割（吉村ほか 2013；Yoshimura et al. 2013)

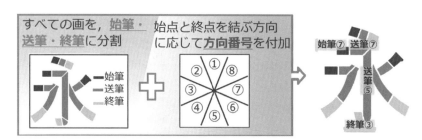

図4-1-10　字画分割（吉村ほか 2013)

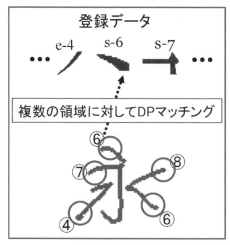

図4-1-11　登録データと採取データの比較方法

第4章　eテスティング研究の最先端

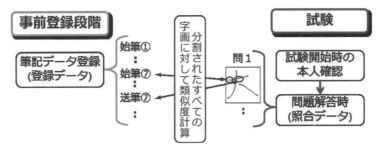

図4-1-12　試案Ⅲ－1による個人認証（赤倉 2013）

　試案Ⅲ－1の認証法は図4-1-12のようになる。

　本手法の評価のため，実験を行った。予備実験の結果，個人ごとに特徴のあるサブストロークには違いがあると認められたため，S値の上位のサブストロークに重みをつけることにした。また，提案した分割方法が有効であるかどうかを確認するため，登録データと採取データの動的情報の合成距離から，等誤り率（EER）を求めた。EERとは，本人拒否率（本人が他者と判定される誤り；FRR）と他者受入率（他者が本人と判定される誤り；FAR）が等しいときの誤り率である（図4-1-13）。EERが低ければ，誤りが少ないということであるから，認証精度は高いといえる。署名照合の研究ではよく精度評価の指標として用いられる（中西ほか 2004：805-815）。

　12名の被験者に対して，登録データを「東京理科大学」「赤倉研究室」「本人署名」の3種類の漢字とし，採取データとして日本漢字能力検定3級，準2級，2級の問題からランダムに抜粋した「略」「承」「断」など30種類の漢字を利用した。評価実験の結果，本手法でのEERは重み付けなしで17.16％，S値上位のサブストロークに重み付けした方法では15.88％であったが，試案Ⅱにおける EERは27.0％であったことと比較すると，重み付けしていないものも含めて大きく改善していることがわかる。つまり，本手法で提案した分割方法は漢字に対して，有効であると考えられた。しかし，個別に見ると，認証率が高いのは直線の画が長く，縦・横の画が複数存在する漢字であった。逆に認証率が低いのは，斜めの画が複数存在する漢字であった。また，「一」という漢字は極端に EERが悪かった（36.82）。このことから，画数が少なすぎると個人

103

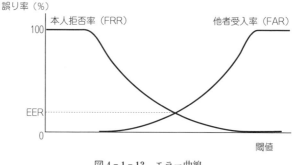

図4-1-13　エラー曲線

の特徴を表したデータの抽出ができないと思われた。

試案Ⅲ—2：試案Ⅲ—1への数理計画法の適用
　　　　（Furuta and Akakura 2013：47-51）

　試案Ⅲ—1では，3つのサブストローク，始筆，送筆，終筆に分解し，各サブストロークを8方向のいずれの方向に進められた筆記かによって分類したが，ここでは，簡易化をはかり，各サブストロークは90°ごとの4方向のいずれの方向に進められた筆記かによって分類した。そのため，3種類のサブストローク×4方向の12種類のグループに分類された。著者らはこれらの分類されたサブストローク同士はそれ以外のサブストロークとよりも近い性質を持つと仮定し，解答中に得られたこれらの方向を考慮したサブストロークの筆記情報を解答前に得られた同じグループの筆記情報とそれぞれ比較した。この比較では，Earth Mover's Distance（EMD）（Rubner et al. 2000：99-121）と呼ばれる距離を非類似度として計算し，その値があらかじめ設定した閾値以下であればその解答者は本人として認証される。

［EMDの定式化］

　EMDは画像の分類などのために2つ以上の画像同士の画素の分布の非類似性を計算するために提案されたものである（Rubner et al. 2000：99-121, Wan et al. 2007：3718-3730）。ここでEMDは線形計画問題として定式化されるヒッチコック型の輸送問題の最適値である。輸送問題としての定式化を以下に示す。

まず，需要点と供給点が与えられ，それぞれ需要量と供給量をもつものとする。このとき，それぞれの点の間には輸送コストが存在するものとし，供給点から需要点への総輸送コストの最小化を行う問題である。

パラメータ：
 I：供給点の集合，
 J：需要点の集合，
 s_i：供給量 $i \in I$,
 d_j：需要量 $j \in J$,
 c_{ij}：$i \in I$ と $j \in J$ の間の輸送コスト

決定変数：
 x_{ij}：供給点 $i \in I$ から需要点 $j \in J$ への輸送量

定式化：

$$\min \sum_{i \in I}\sum_{j \in J} c_{ij} x_{ij}, \tag{2}$$

$$\text{s.t.} \sum_{i \in I} x_{ij} \leq s_i, \quad i \in I \tag{3}$$

$$\sum_{j \in J} x_{ij} \leq d_j, \quad j \in J \tag{4}$$

$$\sum_{i \in I}\sum_{j \in J} x_{ij} = \min\{\sum_{i \in I} s_i, \sum_{j \in J} d_j\}, \tag{5}$$

$$x_{ij} \geq 0, \quad i \in I, \; j \in J \tag{6}$$

目的関数（2）は，総輸送コストの最小化である。一般化のために EMD は最適解における目的関数値を総輸送量で除したものとする。（3）式は供給点 i はたかだか s_i しか供給できないことを，（4）式は需要点 j はたかだか d_j しか供給されないことを，（5）式は総輸送量が需要量の総和と供給量の総和の最小値であることを，それぞれ規定している。2つの画像の比較においては，1つの画像の特徴量を供給点，もう1つの画像の特徴量を需要点として，この問題を解き，目的関数値が小さければそれらの画像同士が類似しているとしている（全く同じ画像であれば目的関数値は0となる）。

認証フローとして次の2つのフェーズを考える。第1フェーズは各受験者のデータを登録するフェーズであり，第2フェーズは実際にeテスティングを実施し認証を行うフェーズである。第1フェーズでは，試験の実施者が，受験者からいくつかの文字の動的情報を取得する。各受験者に関して次のような計算をする。すべての文字をストローク，サブストロークに分解し，各サブストロークを方向グループに分類する。各方向グループごとに，各サブストロークと同じグループ内の他のすべてのサブストロークとのEMDを計算する。他のサブストロークとのEMDの合計値が最も小さいものを，その受験者のそのサブストロークグループの特徴を表すデータとする。第2フェーズでは，各受験者はeテスティングを受験し，解答時の筆記情報を取得される。そのデータは同じようにサブストロークと方向に分類される。各方向グループにおいて，第1フェーズで得た特徴を表すデータと解答時に得られた各サブストロークとでEMDを計算し，その平均を求める。この4つの平均の総和が閾値以下であればその筆者は認証され，そうでなければ拒否される。各フェーズにおいて，EMDを使うとき，需要点と供給点および輸送コストを決定する必要がある。ここでは，2つサブストロークを比較するとき，1つを供給側，もう一つを需要側として，供給点iをそのサブストロークのi番目の動的情報 (p_i, θ_i, φ_i) とし，需要点jも同様に定義した。このときc_{ij}は2つのベクトルのユークリッド距離とした。

評価実験として，被験者8名に10問の問題を解かせ，4つの問題での動的情報を第1フェーズで得られるデータとし，6つの問題での動的情報を第2フェーズで得られたデータとして扱った。提案手法の評価には，先に述べた，等誤り率（EER）を利用した。結果は，EERは平均24.6％であり，試案Ⅱよりはよい結果となった。平均では試案Ⅲ—1より悪いが，方向を半分に減らして簡易化をはかったこと，および個別に見ると2名の被験者を除いては，20％未満が4名，20％強が2名であったので，簡易化を実現しつつ，試案Ⅲ—1に近い値であったと言える。EERが悪かった2名は，筆記行動自体が安定性を欠いており，これがEERに影響したと考えられた。このことから，特徴データがロバストであるように，抽出方法などに改善点があると考えられた。

試案Ⅲ—3：どのサブストロークが認証に有効かの検証（吉村ほか 2015：172-173）

試案Ⅲ—1において，同じ方向の字画同士を認証に利用したが，たとえば「とめ」と「はらい」では異なる特徴を持つと考えられることから，ここでは，「転折（線が急に折れる点）」などの字画の特徴である書写技能に着目した手法を紹介する。

記入された文字の字画を細分化し，表4-1-2に示す30種類の指標に分類する。転折番号を図4-1-14に示す。なお，方向番号は図4-1-10に示した通りである。

表4-1-2 指標の定義（吉村ほか 2015）

指標	定義
点（3種）	字画の長さが下位12%（方向5-7）
始筆（5種）	ペン着地から3 pixel 移動（方向4-8）
送筆 直線（5種）	始筆，終筆以外の直線部分（方向4-8）
送筆 転折（5種）	転折を含む送筆（転折 ca, cb, cd, db, dc）
終筆 とめ（5種）	終筆の移動が3 pixel 以下（方向4-8）
終筆 はね（2種）	終筆直前から向きが変化（右・左はね）
終筆 はらい（5種）	とめ，はね以外の終筆（方向4-8）

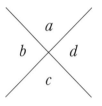

図4-1-14 転折番号
（吉村ほか 2015）

分類の際には，ペンが進んでいる向きに応じて図4-1-10と図4-1-14の番号・記号を付加する。たとえば，「方向番号5の向きの点」における「筆圧」であれば，「点 5_筆圧」のように表記する。細分化された指標を各被験者の登録データとして取得しておき，試験時に入力された文字に対しても同様の方法で細分化し，同じ指標同士を比較することで，事前に登録していない文字に対しても認証可能となる。本手法では，12種類の動的データ（筆圧，筆圧の変化量，筆記速度，筆記加速度，ペンの傾き（x, y, z 軸方向，3次元ベクトル（山中ほか2000）），ペンの傾きの変化量（x, y, z 軸方向，3次元ベクトル））を用いる。本手法を適用することで，筆記データは360種類（字画の要素30種類×動的データ12種類）の指標に分類される。この360種類の指標のうち，どの指標に個人性が多く含まれているかを特定するために，分離性尺度（前出，式(1)）を用いた。

個人内距離と個人間距離の計算には，前出の DP マッチングを求めた．

　評価実験では，360種類の指標のうち，どの指標に個人性が含まれているのかを特定するため，10名の被験者に漢字30文字をペンタブレットで記入してもらった．分析の結果，被験者ごとに最大の S 値を示した指標は異なっていたが，「転折 ca_傾き（y）」などのように，「転折」，「とめ」の指標が多く，ここで着目した書写技能には個人性が含まれていることが認められた．また，動的データでは，ほとんどの被験者がペンの傾きが含まれる指標で S 値が最大となっており，ペンの持ち方に個人性が含まれていることがわかった．一方，S 値はいずれも中村ら（2009：37-47）の示す 0.707 を大きく上回っており，提案手法によって分割された字画には多くの個人性を含んでいると思われた．したがって，被験者ごとに異なる指標に個人性をもっていることがわかり，提案手法によって分割された字画を各被験者の特徴に合わせて組み合わせることで，高精度な認証法が提案できると考えられた．

試案Ⅲ—4：試案Ⅲ—3を利用した試案Ⅲ—2の拡張
（Furuta and Akakura 2014：1659-1664）

　試案Ⅲ—3の結果を踏まえ，試案Ⅲ—2を拡張した．すべての文字の動的情報をあらかじめ取得しておかなくても，筆記認証を実現できるように，以下のように取得した情報を扱う．まず，得られた動的情報を文字のストロークごとに分解し，さらに各ストロークを筆記時間から3つのサブストローク，始筆，送筆，終筆に分解する．吉村ら（2015：172-173）の結果を踏まえ，終筆はさらに止め，はね，はらいに分類した．止めは最後の3ピクセルの移動のサブストロークとし，終筆で方向が変わるものをはね，残りの終筆をはらいとした．各サブストロークは90°ごとの4方向のいずれの方向に進められた筆記かによって分類した．EMD の利用は，試案Ⅲ—2に同じである．

　認証プロセスで，試案Ⅲ—2と異なる点は，第1フェーズにおいて，止め，はね，はらいを含めた方向グループの中で，EMD を計算し，予備実験より上位3つの特徴を表す方向グループを受験者ごとに計算し，これを認証に用いることである．なお，第2フェーズにおける需要点・供給点・輸送コストは同じ

である。

評価実験では，試案Ⅲ―3の10人が60問に解答したデータのうち，30問を第1フェーズのデータとし，残りの30問のデータを第2フェーズ用とした。結果，EERは21.3％となり，試案Ⅲ―2の結果より改善した。

4.1.3 顔情報を用いた受験者（個人）認証法

前項で述べた筆記認証法は，試験では常に答案に解答を記入しているという状況に照らし，記入された文字が本人のものかどうかを判定（予測）することで，なりすましが行われているかどうかを判断する方法であった。さらに筆記を行っていないとき，たとえば，問題文を読んでいるときは，受験者は画面を見ていると考えられることから，そのときには顔認証を用いると，さらに認証精度が向上するのではないかと考えた（図4-1-15）。

現状では，問題が提示された直後，「解答記入前」の顔画像であれば，ある程度本人認証が可能であるが，「解答記入中」「解答記入後」は，たとえ筆記を行っていなくても，頬杖をついたり，身体の位置が変化したりして，顔検出そのものができなかったりして，認証精度が低い（田中ほか 2015：174-177）。したがって，図4-1-15のような認証を行うためには，姿勢などの位置情報も利用した上で認証方法を開発していく必要があると思われる。

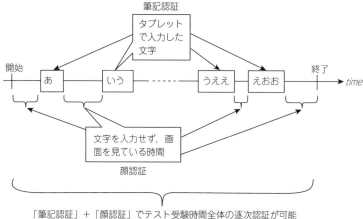

図4-1-15　筆記情報と顔情報を併用した受験者認証法

4.1.4 e テスティングの認証技術を実用化するための課題

これまでに述べてきたように，登録された文字のみしか認証できないのではなく，著者らが開発してきた認証方法によって，少ない文字登録でもさまざまな文字の認証が行えるようになってきた。しかし，実際に e テスティングで単位認定を行うとしたら，精度をもっと上げる必要がある。また，試案Ⅲ—2 で述べたように，ある受験者では良い結果が得られても，ある受験者では十分に認証できないというようなことがないよう，ロバストな認証方法でなければならない。したがって，本節の最後で述べた筆記認証と顔認証を組み合わせる方法など，さまざまな方法，条件下で頑健なモデルを提案していくことが今後の課題である。

注

1) 前書とは，教育工学選書第Ⅰ期第8巻『教育工学における学習評価』の第3章「コンピュータ利用テスト」のことである。下記，参考文献の赤倉（2012）はこの前書所収であり，第3章3.1節である。

参考文献

赤倉貴子（2012）「コンピュータ利用テストの実用」永岡慶三ほか（編）『教育工学における学習評価』ミネルヴァ書房（教育工学選書第1期）所収（本稿では前書と称した）．

赤倉貴子（2013）「これからの高等教育機関に期待される役割」『電子情報通信学会技術研究報告』113(106)：11-16．

バイオメトリクスセキュリティコンソーシアム（2006）『バイオメトリックセキュリティ・ハンドブック』オーム社．

Furuta, T., Akakura, T. (2013) "A Mathematical Programming Model for Authentication of Examinee During e-testing," *Proceedings of 7th International Technology, Education and Development Conference*: 47-51.

Furuta, T., Akakura, T. (2014) "A Method Authentication of Examinee During e-testing Using Their Styles of Handwriting", *Proceedings of 7th International Conference of Education, Research and Innovation*, 1659-1664.

池田央（1997）「コンピュータテスト化の必要性とその条件」『教育工学関連学協会連合第5回全国大会講演論文集（第1分冊）』：363-366．

池田央（2000）「アセスメント技術からみたテスト法の過去と未来」『日本教育工学会論文誌』24(1)：3-13．

Jain, A. K., Griess, F. D. and Connell, S. D. (2002) "On-line signature verification," *Pattern Recognition*, 35 : 2963-2972.

Kikuchi, S., Furuta, T., Akakura, T. (2008) "Periodical Examinees Identification in e-Test Systems using the Localized Arc Pattern Method," *Distance Learning and the Internet Conference 2008 (DLI 2008)*, 213-220.

菊池伸一・古田壮宏・赤倉貴子（2010）「e-Test における受験者認証のための筆圧局所円弧パターン法の提案」『日本教育工学会論文誌』33(4)：383-392.

米谷雄介・松本守・古田壮宏・赤倉貴子（2010）「多肢選択式eテストのための DP マッチングを利用した受験者認証法の提案」『日本教育工学会論文誌』34（Suppl.）：53-56.

中井満・嵯峨山茂樹・下平博（2000）「サブストローク HMM を用いたオンライン手書き文字認識」『電子情報通信学会論文誌』J88-DⅡ(9)：1825-1835.

中村善一・木戸出正継（2009）「筆跡鑑定の知見に基づく特性値を用いたオンライン筆者照合」『システム制御情報学会論文誌』22(1)：37-47.

中西功・西口直登・伊藤良生・副井裕（2004）「DWT によるサブバンド分解と適応信号処理を用いたオンライン署名照合」『電子情報通信学会論文誌』J87-A(6)：805-815.

Rubner, Y., Tomasi, C., and Guibas, L. J. (2000) "The Earth mover's distance as a metric for image retrieval," *International Journal of Computer Vision*, 40(2)：99-121.

田中佑典・吉村優・東本崇仁・赤倉貴子（2015）「e-Testing におけるなりすまし防止のための顔画像を利用した個人認証」『電子情報通信学会論文誌』J98-D(1)：174-177.

植野真臣・永岡慶三（2009）『eテスティング』培風館.

Wan, X. (2007) "A novel document similarity measure based on earth mover's distance," *Information Sciences : an International Journal*, 177(18)：3718-3730.

山中晋爾・浜本隆之・半谷精一郎（2000）「ペンの傾きを利用した署名照合方式の改良」『電子情報通信学会技術研究報告』100(77)：65-72.

吉村優・富岡佑麻・古田壮宏・赤倉貴子（2012）「少数の漢字登録に字画分割を適用した個人認証法」『2012年電子情報通信学会全国大会情報システムソサイエティ学生ポスターセッション予稿集』：1-6.

吉村優・古田壮宏・東本崇仁・赤倉貴子（2013）「e-Test の個人認証のための手書き漢字における個人性の抽出」『電子情報通信学会技術研究報告』113(166)：1-6.

Yoshimura, Y., Furuta, T., Tomoto, T., Akakura, T. (2013) "Analysis of Writing Data for Cheating Detection in e-Testing," *Proceedings of The 21th International Conference on Computers in Education*, 431-436.

吉村優・古田壮宏・東本崇仁・赤倉貴子（2015）「e-Testing の個人認証のための書写技能を考慮した字画分割法における個人性評価」『電子情報通信学会論文誌』J98-D(1)：172-173.

4.2 適応型テストの最先端技術

宮澤芳光

4.2.1 適応型テストとは

　従来の教育評価では，マークシートを用いた多肢選択式問題といったペーパーテストが主流であった。ペーパーテストでは，受検者に同一の項目を一斉に受験させることによって受検者の学力を測定していた。しかし，近年，効率的に受検者の学力を測定するため，適応型テストと呼ばれる項目出題戦略が多くのテスト業界で実用化されつつある。

　適応型テストとは，コンピュータを用いて受検者の解答履歴から学力である能力値を逐次的に推定し，その能力値に応じて情報量が最大の項目を出題するComputer Based Testing である（植野・永岡 2009；van der Linden and Glas 2000, 2010）。適応型テストでは，受検者の能力値に対して難しすぎる項目や容易すぎる項目を出題せず，受検者の能力推定に最適な項目を出題できる。これにより，能力推定精度を減少させずにテストに費やされる時間や項目数を減少させることができる。

　従来のペーパーテストでは，テストの実施ごとに項目を作成していたが，適応型テストでは，数多くの項目を事前に作成し，その項目の特性を分析し，項目のデータベースであるアイテムバンクを作成する。アイテムバンクを構築したあと，能力値に応じてアイテムバンクから項目を抽出し，その項目を受検者に出題する。

　適応型テストでは，テスト理論の項目反応理論（Item Response Theory：IRT）に基づいて項目の特性分析や受検者の能力推定を行う。項目反応理論とは，受検者の能力値を潜在変数として，項目への正答確率を数理モデルで表現したテスト理論である（豊田 2002, 2005）。適応型テストでは，項目反応理論に基づいて受検者の能力値を推定し，その能力値に応じて情報量が最大の項目を出題する。項目反応理論の利点として，それぞれの受検者が異なる項目で作成された

テストを受けた場合においても同一の尺度上に配置し，能力値を比較できることが挙げられる。また，受検者の解答データが欠測値であるときも受検者の能力値を推定できる。

項目反応理論では，アイテムバンク中の項目 $i=(1,...I)$，項目の出題順序を $k=(1,..., K)$ と表し，k 番目に出題した項目を i_k とする。u_{ik} を項目 i_k に正答したとき 1，それ以外のとき 0 である確率変数とすると，反応データは $U_i = \{u_{i1},... u_{iK}\}$ と定義する。受検者の能力値は θ と表される。受検者が項目 i に正答する確率には，以下の 3 パラメータロジスティックモデルを仮定する。

$$p(u_i = 1 \mid \theta) = c_i + (1 - c_i) \frac{1}{1 + \exp[-1.7 a_i (\theta - b_i)]}$$

ここでは，a_i が項目 i の識別力のパラメータ，b_i が項目 i の難易度のパラメータ，c_i が項目 i の当て推量のパラメータと呼ばれる。この式において，$c_i = 0$ としたものを 2 パラメータロジスティックモデルと呼び，さらに，$a_i = 1$ としたものを 1 パラメータロジスティックモデルと呼ぶ。

図 4-2-1 と図 4-2-2，図 4-2-3 は，項目の特性を表す項目反応関数 (item response function：IRF) の例である。図の横軸は受検者の能力値，縦軸は正答確率である。図 4-2-1 に，識別力のパラメータ a_i のみが異なる 3 つの項目反応関数を示す。識別力のパラメータ a_i が低い項目 1 は，傾きが小さく，能力値上で正答確率の変化が少ないため，受検者の能力値を十分に反映しない。たとえば，正誤が運で決まるような項目である。反対に，識別力のパラメータ a_i が高い項目 3 は，項目反応関数が急勾配であり，項目への正誤結果から受検者の能力値を分けることができる。たとえば，項目 3 の解答結果が正答のとき，能力値が -2 や -1 といった能力値が低い受検者であるとは考えにくいと推測できる。一方，項目 1 の解答結果が正答のとき，能力値が -1 の受検者であっても正答確率が 0.4 であるため，この解答結果からは能力が低い受検者であることも考えられる。図 4-2-2 には，難易度のパラメータ b_i のみが異なる 3 つの項目反応関数が示されている。難易度のパラメータ b_i が高い項目 3 は，項目 1，2 より右にシフトし，各能力値において正答確率が低く，難しい項目であることを表している。難易度のパラメータ b_i と能力値 θ が等しい値

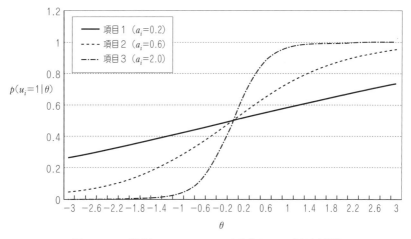

図4-2-1 識別力のパラメータ a_i を変化させた項目反応関数

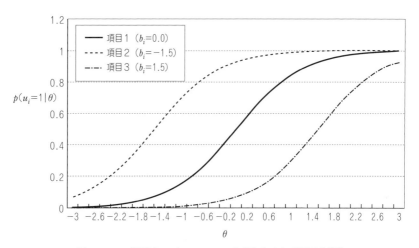

図4-2-2 難易度のパラメータ b_i を変化させた項目反応関数

であるとき,正答確率が0.5であり,項目反応関数が最も急勾配になる。図4-2-3は,当て推量のパラメータ c_i が異なる3つの項目反応関数を示している。当て推量のパラメータ c_i が高い項目3では,能力値が低い受検者の正答確率が高くなり,偶然に正答する確率が高くなる。

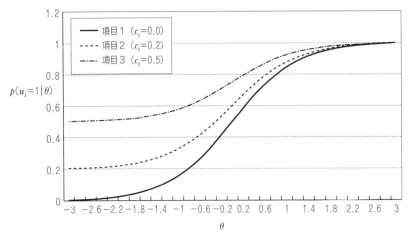

図4-2-3 当て推量のパラメータ c_i を変化させた項目反応関数

$k-1$ 番目までの項目に対する反応データ $u_{i_1}, ..., u_{i_{k-1}}$ の尤度関数は以下の通りである。

$$L(\theta|u_{i_1}\cdots u_{i_{k-1}}) \equiv \prod_{j=1}^{k-1} \frac{\{\exp[a_{i_j}(\theta-b_{i_j})]\}^{u_{i_j}}}{1+\exp[a_{i_j}(\theta-b_{i_j})]}$$

尤度の二次導関数は尤度関数の曲率を表し、この導関数の負数は情報量として知られている。

$$J_{u_{i_1}\cdots u_{i_{k-1}}}(\theta) \equiv -\frac{\partial^2}{\partial\theta^2}L(\theta|u_{i_1}\cdots u_{i_{k-1}})$$

$k-1$ 番目の項目のフィッシャー情報量は、以下の通りである。

$$I_{u_{i_1}\cdots u_{i_{k-1}}}(\theta) \equiv E[J_{u_{i_1}\cdots u_{i_{k-1}}}(\theta)] = \sum_{j=1}^{k-1}\frac{[p'(u_{i_j}=1|\theta)]^2}{p(u_{i_j}=1|\theta)[1-p(u_{i_j}=1|\theta)]}$$

ただし、

$$p'(u_{i_j}=1|\theta) \equiv \frac{\partial}{\partial\theta}p(u_{i_j}=1|\theta)$$

フィッシャー情報量の逆数は、能力推定値の漸近的な標準誤差に一致する。図4-2-4に、異なる2項目のフィッシャー情報量を示す。横軸は受検者の能力値、左の縦軸は正答確率、右の縦軸はフィッシャー情報量である。図4-2-

第Ⅱ部　eテスティング

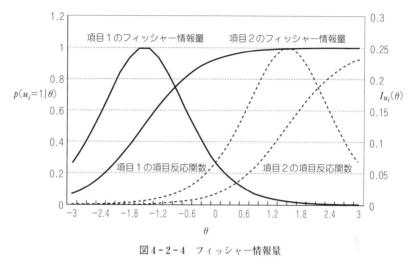

図4-2-4　フィッシャー情報量

4から，項目反応関数の傾きが大きい能力値で情報量が高いことがわかる。

ここでは，一つの項目に対するフィッシャー情報量を項目情報量，テストの全項目に対するフィッシャー情報量をテスト情報量と呼ぶ。

適応型テストでは，能力の推定精度を向上させるため，情報量最大化原理に基づき項目を選択する。この項目選択では，$u_{i_1}, ..., u_{i_{k-1}}$ までの反応データを用いて能力推定値のパラメータ $\theta = \hat{\theta}_{u_{i_1}, ..., u_{i_{k-1}}}$ において項目情報量関数が最大になる k 番目の項目をアイテムバンクから選択する。

$$ik = \arg\max_j \{I_{u_{i_1}, ..., u_{i_{k-1}}, u_{i_j}}(\hat{\theta}_{u_{i_1}, ..., u_{i_{k-1}}}) : j \in R_k\}$$

ここで，$R_k = \{1, ..., I\} \setminus \{i_1, ..., i_{k-1}\}$ を表す。

情報量最大化原理に基づく適応型テストの出題アルゴリズムは以下の通りである。まず，(1)初期値として能力値を0とする。次に，(2)テスト情報量関数が最大になる k 番目の項目をアイテムバンクから選択する。(3)受検者は選択された項目に解答する。(4)解答された項目は，自動的に正誤判定される。(5)正誤結果と解答履歴から受検者の能力値を推定する。(6)推定された能力値と推定前の能力値の差が小さければ終了し，そうでなければ，再度受検者に項目を出題する。

適応型テストでは，いくつかの能力推定アルゴリズムが利用される。最尤推定法では，尤度関数を最大にする能力推定値を求める。

ベイズ手法を利用した能力値の推定では，k 項目までの反応データを用いて，能力値の事前分布 $g(\theta)$ として標準正規分布が仮定され，以下の事後分布を用いる。

$$g(\theta|u_{i_1}, \cdots, u_{i_k}) = \frac{L(\theta|u_{i_1}, \cdots, u_{i_k})g(\theta)}{\int (L(\theta|u_{i_1}, \cdots, u_{i_k})g(\theta))d\theta}$$

$L(\theta|u_{i_1}, \cdots, u_{i_k})$ は，k 項目の反応データを用いた能力値の尤度である。

能力値を推定するため，推定値を $\hat{\theta}$ とし，

$$\hat{\theta} = \arg\max_{\theta} g(\theta|u_{i_1}, \cdots, u_{i_k}) : \theta \in (-\infty, \infty)$$

という MAP（maximum a posteriori）推定（Lord, 1986；Mislevy, 1986）と，

$$\hat{\theta} = \int \theta \cdot g(\theta|u_{i_1}, \cdots, u_{i_k})d\theta : \theta \in (-\infty, \infty)$$

EAP（expected a posteriori）推定（Bock and Mislevy, 1982）が利用される。

ベイズ推定法は，最尤推定法とは異なり，全問正答，または全問誤答のときでも能力値を推定できることが知られている。また，最尤推定法は，一致性，および漸近有効性をもつことが知られており大きなデータには有効であるが，少数データからパラメータを推定することにはあまり適していない。一方，ベイズ推定は，一致性および漸近有効性をもつと同時に少数データからの推定にも適していることが知られている（Mislevy 1986）。

4.2.2 制約付き適応型テスト

適応型テストでは，受検者の能力値を逐次的に推定し，その能力値に対して最適な測定特性をもつ項目を出題する。これにより，能力推定精度を減少させずに，受検者が解答する項目数を減少させることができる。しかし，情報量最大化の原則に従うのみでは，いくつかの問題が生じる。

ペーパーテストでは，読解問題の提示文のように，提示文について複数の項目が準備されている設問形式が存在する。一方，適応型テストでは，各々の項

目を独立として扱うため，このような設問形式に対応することができない。また，アイテムバンク中の項目が出題分野に応じて分類されているとき，適応型テストでは，能力に応じてのみ項目が選択されるため，出題分野の偏りが生じる。

この他にも，実際のテストでは測定精度の向上のみならず，多くのテストの仕様を検討する必要がある。従来の出題順序が固定されたペーパーテストでは，このようなテストの仕様をテスト出題者が事前に確認できていた。しかし，適応型テストでは，項目選択はテスト中に自動的に行われるため，テストの仕様として制約を項目選択に組み込む必要がある。制約付き適応型テストのアルゴリズムでは，逐次的な項目選択時，テストの仕様として制約を情報量最大化原理に組み合わせることができる。

4.2.3 シャドー・テストを用いた適応型テスト

van der Linden and Reese (1998) らは，テストの仕様として制約を項目選択に加えるため，シャドー・テストを用いた適応型テストを提案している。シャドー・テストとは(1)テストのすべての制約を満たしている(2)受検者に出題した項目をすべて含める(3)能力推定値に対して情報量が最大になるように構成されている，これらを満たす項目数が固定されたテストである。シャドー・テストを構成したあと，シャドー・テストの項目から情報量が最大の項目であり，まだ受検者に出題していない項目を選択する。

以下にシャドー・テストを用いた項目出題アルゴリズムを示す。

1．能力推定値を初期化する
2．能力推定値に対して情報量が最大であり，テストの制約をすべて満たすシャドー・テストをアイテムバンクから構成する
3．能力推定値に対して情報量が最大の項目をシャドー・テストから抽出する
4．受検者の項目への正誤結果と解答履歴から受検者の能力値を推定する
5．出題した項目を次のシャドー・テストに登録する
6．出題されていない項目をアイテムバンクに戻す

第4章　eテスティング研究の最先端

7．2-6 を出題された項目数が n に達するまで繰り返す

　このアルゴリズムでは，適応型テストの項目数は固定されている。統計の観点からは能力推定精度に基づいてテストを終了した方が望ましいが，受検者により出題項目数が異なってしまう。

　シャドー・テストは，0-1 の整数計画問題の手法を用いて構成する。ここでは，シャドー・テストの構成方法を定式化する。まず，変数を以下のように定義する。

　アイテムバンク中の項目：$i=1, ..., I$;

　読解問題での提示文といったスティミュラス（stimulus）：$s=1, ..., S$;

　スティミュラス s に対応する項目の集合：U_s ($s=1, ..., S$);

　適応型テストにおける項目：$k=1, ..., n$;

　適応型テストにおけるスティミュラス：$l=1, ..., m$;

　シャドーテストに項目 i が含まれることを示す変数：x_i;

　シャドーテストにスティミュラス s が含まれることを示す変数：z_s;

　カテゴリ c を持つ項目の集合：V_c^{item}, ($c=1, ..., C$);

　カテゴリ c を持つスティミュラスの集合：V_c^{stim}, ($c=1, ..., C$);

　相互排他的な項目：V_e^{item}, ($e=1, ..., E$);

　相互排他的なスティミュラス：V_e^{stim}, ($e=1, ..., E$);

　スティミュラス s は，たとえば，読解問題での提示文であり，その提示文に対していくつかの項目が準備されている。カテゴリ c は，たとえば項目の内容や設問形式によってアイテムバンク中の項目を分類したものである。相互排他的な項目 V_e^{item} ($e=1, ..., E$) と相互排他的なスティミュラス V_e^{stim} ($e=1, ..., E$) は，同じテスト中に出題しない項目集合 V_e^{item}，同じテスト中に出題しないスティミュラス集合 V_e^{stim} である。同じテスト中に制約がある項目やスティミュラスが含まれないようにする。

　k 番目のシャドー・テストを $T_k \equiv \{i_1, ..., i_{k-1}, i'_k, ..., i'_n\}$ と定義する。$i'_k, ..., i'_n$ は出題候補の項目である。$S_l \equiv \{s_1, ..., s_l\}$ を 1 から l のスティミュラスの集合と定義する。適応型テストでの l 番目のスティミュラスに対して出題項目数の制約がまだ満たされていないとき，s_l をアクティブスティミュラスと呼び，U_{s_l}

はスティミュラス s_l に対応する項目とする。このとき，適応型テストの項目選択アルゴリズムは，$U_{s_l} \cap \{i'_k, ..., i'_n\}$ から情報量が最大の項目を選択する。そうでなければ，$\{i'_k, ..., i'_n\}$ から情報量が最大の項目を選択する。ここで，R_k をまだ出題されていない項目集合として以下の変数も定義する。

$$O_k \equiv \begin{cases} U_{s_l}, & l \text{ 番目のスティミュラスに対する項目を出題} \\ R_k, & \text{それ以外} \end{cases}$$

シャドー・テストは，下記の最適化問題を解くことによって構成される。

$$\text{Maximize } w = \sum_{i \in O_k} I_i(\hat{\theta}_{k-1}) x_i \quad (情報量最大化)$$

ただし，

$$\sum_{i=1}^{I} x_i = n ; \quad (テストの項目数)$$

$$\sum_{s=1}^{S} z_s = m ; \quad (スティミュラスの数)$$

$$\sum_{i \in s_{k-1}} x_i = k-1 ; \quad (解答した項目数)$$

$$\sum_{i \in V_s} x_i \gtreqless n_s z_s, \ s=1, ...S ; \quad (各スティミュラスに対応する項目個数)$$

$$\sum_{i \in V_c^{item}} x_i \gtreqless n_c^{item}, \ c=1, ...C ; \quad (各カテゴリ中の項目数)$$

$$\sum_{i \in V_c^{stim}} z_s \gtreqless n_c^{stim}, \ c=1, ...C ; \quad (各カテゴリのスティミュラスの個数)$$

$$\sum_{i \in V_e^{item}} x_i \leq, \ e=1, ..., E ; \quad (相互排他的な項目)$$

$$\sum_{s \in V_e^{stim}} z_s \leq, \ e=1, ..., E ; \quad (相互排他的な項目)$$

$$x_i \in \{0, 1\}, \ i=, ..., I ;$$

$$z_s \in \{0, 1\}, \ s=, ..., S ;$$

目的関数は，シャドーテストの情報量を最大化するためのものである。制約式には，テストの仕様が記述される。$\gtreqless$ は，$=$ か $\leq$，$\geq$ のいずれかをテストの仕様に応じて任意に選択することができる。上記の最適化問題の探索のため，CPLEX などの整数計画問題探索ソフトウェアが利用される。項目選択では，シャドーテストから情報量が最大の項目を出題する。これにより，テストの仕様を満たした制約付き適応型テストを実現することができる。

4.2.4 制限時間の制約付き適応型テスト

適応型テストでは，受検者ごとに出題される項目が異なり，テストに費やされる時間が異なる．制限時間が設定されているとき，受検者が十分な項目数を解答する前にテストが終了し，能力推定精度が減少する可能性がある．この問題を解決するために，Linden らは，解答所要時間を最適化する適応型テストを提案している（van der Linden 2005, 2011; van der Linden and Xiong 2013）．この手法では，シャドーテストの生成時に以下の制約を追加する．

$$\sum_{i=1}^{I} \exp(\beta_i) x_i \leq t_{tot}$$

t_{tot} は受検者がテストに費やす時間を表し，解答速度 τ の受検者が項目 i を解答する解答所要時間 t_i の分布には，対数正規分布を仮定する（van der Linden 2006）．

$$f(t_i; \tau, \alpha_i, \beta_i) = \frac{\alpha_i}{t_i \sqrt{2\pi}} \exp\left\{-\frac{1}{2}[\alpha_i(\ln t_i - (\beta_i - \tau))]^2\right\}$$

ここで，β_i は，受検者が項目 i の解答に費やす時間の度合いを表す．α_i は，受検者が項目 i の解答に費やす時間の識別力であり，t_i の対数の分散を表している．また，受検者 $l=1, \cdots M$ での τ_l はスピードパラメータと呼ばれ，以下の制約をもつ．

$$\sum_{l=1}^{M} \tau_l = 0$$

t_i の対数の分布は，期待値が $\beta_i - \tau$ である．スピードパラメータ τ_l は，上記の式の制約をもつため，平均は 0 になる．すなわち，パラメータ β_i は，解答所要時間の対数の平均になる．

制限時間を制約とする適応型テストを用いることで，制限時間中で情報量が最大となる項目を出題できる．

4.2.5 移動距離の最適化を組み込んだ適応型テスト

知識はそれ単体で存在するのではなく，状況に埋め込まれて存在する（Quine 2013）．また，新しい知識は，現実の状況における学習者自身の経験に

融和して獲得される (Wittgenstein 2009)。このような知識観に基づき，現実での経験を重視する学習は「状況に埋め込まれた学習」と呼ばれている (Lave and Wenger 1991)。状況に埋め込まれた学習の評価では，現実の状況での観察や探索を通した学習そのものを評価することが重要であるため，学習と同様に現実の状況で行うべきである。しかし，状況に埋め込まれた学習の評価では，項目が出題される順序に応じて移動時間が異なるため，情報量や解答所要時間のみならず，出題の順序を考慮した項目選択が必要である。

宮澤・植野 (2015) は，現実の状況での学習を効率的に評価するため，テスト情報量と解答所要時間，出題順序を最適化できるモバイル・テスティングを提案している。具体的には，Traveling Purchaser Problem（以下，TPP と呼ぶ）を組み込んだ適応型テストを提案した。TPP とは，最適化問題の Traveling Salesman Problem の一般化の一つである (Ramesh 1981)。この最適化問題では，購買者が商店街の店舗で商品を購入するとき，商品の価格と移動距離が最小になる購買経路の探索を目的とする。

TPP をモバイル・テスティングに合わせて定式化し，テスト情報量と移動距離を最適化するパスを探索する。項目が出題される場所の集合を $S:=\{v_1, ..., v_n\}$，項目の集合を $K:=\{p_1, ..., p_I\}$ とする。すべての場所の集合は $S_0:=\{S \cup \{o\}\}$，o は出発地点である。グラフ $G=(V, E)$ は無向グラフであり，$V:=S_0$ はノード集合，$E:=\{[v_i, v_j]: v_i, v_j \in V, i<j\}$ はエッジ集合である。項目 p_k の項目情報量は b_k，項目 p_k の解答所要時間は t_k，また，v_i と v_j の間の移動時間は d_{ij} とする。項目が出題される場所を訪れる経路はパスと呼ばれ，場所 v_i の項目 p_k がパスに含まれているとき $z_{ik}=1$，そうでなければ $z_{ik}=0$ とする。また，場所 v_i と場所 v_j の間にエッジが含まれるときは $x_{ij}=1$，そうでなければ $x_{ij}=0$ とする。T は，テストの制限時間である。このとき，以下の最適化問題から最適なパスを見つける。

$$\text{Maximize } w = \sum_{v_i \in S} \sum_{p_k \in K} b_k z_{ik} - D \sum_{(i,j) \in L} d_{ij} x_{ij}$$

ただし，

$$\sum_{v_i \in S} \sum_{p_k \in K} t_k z_{ik} + \sum_{(i,j) \in L} d_{ij} x_{ij} < T$$

　目的関数はテスト情報量最大化と移動距離最適化のための関数，制約式は移動時間と解答所要時間を制限時間内にするための条件式である．上述の最適化問題では，出題場所数 n と項目数 I を定義しているため，一つの場所で複数の項目が出題されることがある．ここでは，最適化問題の探索の考えを容易にするため，「一つの場所に一つの項目が出題される」として $n=I$ とする．

　TPP は線形計画法が適用できないため（山本・久保 1997），項目数 I に対して計算量が $O(I!)$ となる全探索法を用いなければならない．一方，近年，計算量を $O(2I \cdot 2^I)$ に減少できる動的計画法を用いた探索法が提案され，広く利用されている（Gouveia et al. 2011）．動的計画法は，計算量を減少させるため，最適化問題を複数の部分問題に分割し，部分問題の結果を次の部分問題の計算に利用する（Bellman 2003）．しかし，TPP では目的関数が単調増加性を持たなければならず，目的関数にテスト情報量の最大化と移動距離の最小化をいかに組み込むかが重要となる．そこで，目的関数の移動時間に対して極力小さい重み D を掛けたペナルティ項をテスト情報量に付与して単調増加性を保証する．この最適化問題により，テスト情報量最大化と移動距離最適化を同時に満たすパスを探索できる．

　最適化問題から探索したパスを図 4-2-5 に示す．図はフィールドを表し，点は項目が出題される場所を示す．テストが開始される場所は，図の最も左上の点である．探索されたパスは，受検者のその時の能力推定値に応じて探索されている．このパスは，次に出題する項目が現在地の右側であることを示している．

　受検者の能力を逐次推定しながら，最適化問題を探索することによって受検者に出題する項目を選択する．

4.2.6　まとめ

　ここでは，適応型テストの最先端技術について紹介した．適応型テストは，受検者の能力値を逐次的に推定し，その能力値に応じて情報量が最大の項目を

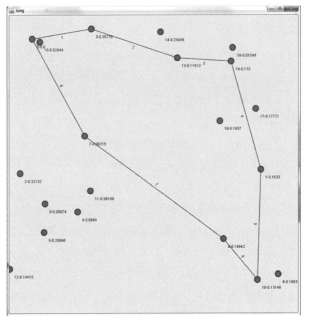

図4-2-5 パスの例

出題する。これにより，受検者にとって難しすぎる項目や容易すぎる項目を出題せず，能力推定精度を減少させずに少ない項目数で能力値を推定できる。さらに，制約付きの適応型テストでは，テストを実施する上で生じるテストの仕様を制約として組み込むことができる。これにより，情報量のみならず，テストの仕様を適応型テストの項目選択に組み込むことができる。加えて，ここで紹介した制約のみならず，テストの仕様に応じて多様な制約を追加することも可能である。

参考文献

Bellman, R (2003) *Dynamic Programming*, Dover Publications.

Bock, R. D., & Mislevy, R. J. (1982) "Adaptive EAP estimation of ability in a microcomputer environment," *Applied psychological measurement*, 6(4): 431-444.

Gouveia, L., Paias, A., & Voß, S. (2011) "Models for a traveling purchaser problem with additional side-constraints," *Computers & Operations Research*, 38(2), 550-558.

Lord, F. M. (1986) "Maximum likelihood and Bayesian parameter estimation in item response theory", *Journal of Educational Measurement*, 23(2): 157-162.

Lave, J., & Wenger, E. (1991) *Situated learning: Legitimate peripheral participation*, Cambridge University Press.（佐伯胖（訳）（1993）『状況に埋め込まれた学習──正統的周辺参加』産業図書.）

Mislevy, R. J. (1986) "Bayes modal estimation in item response models," *Psychometrika*, 51(2), 177-195.

宮澤芳光・植野真臣（2015）「テスト情報量と移動距離を最適化するモバイル・テスティング・システム」『電子情報通信学会論文誌』D, 98(1): 30-41.

Quine, W. V. O. (2013) *Word and Object*, MIT press.

Ramesh, T. (1981) "Traveling purchaser problem," *Opsearch*, 18: 78-91.

豊田秀樹（2002）『項目反応理論［入門編］──テストの測定と科学』朝倉書店.

豊田秀樹（2005）『項目反応理論［理論編］──テストの数理』朝倉書店.

植野真臣・永岡慶三（2009）『ｅテスティング』培風館.

van der Linden, W. J. (2005) *Linear Models for Optimal Test Design*, Springer.

van der Linden, W. J. (2006) "A lognormal model for response times on test items," *Journal of Educational and Behavioral Statistics*, 31(2): 181-204.

van der Linden, W. J. (2011) "Test design and speededness," *Journal of Educational Measurement*, 48(1), 44-60.

van der Linden, W. J., & Glas, C. A. (Eds.). (2000) *Computerized adaptive testing: Theory and practice*, Dordrecht: Kluwer Academic.

van der Linden, W. J., & Glas, C. A. (2010) *Elements of adaptive testing*, New York, NY: Springer.

van der Linden, W. J., & Reese, L. M. (1998) "A model for optimal constrained adaptive testing," *Applied Psychological Measurement*, 22(3): 259-270.

van der Linden, W. J., & Xiong, X. (2013) "Speededness and adaptive testing," *Journal of educational and behavioral statistics*, 38(4): 418-438.

Wittgenstein, L. (2009) *Philosophical Investigations*, John Wiley & Sons.

山本芳嗣・久保幹雄（1997）『巡回セールスマン問題への招待』朝倉書店.

4.3 eテスティングにおける自動テスト構成

石井隆稔

　eテスティングにおける自動テスト構成とは，テスト管理者が望む性質（たとえば，出題領域別の項目数や平均点，所要時間など）をもつテストを計算機により自動的に構成するものである。具体的には，テスト管理者が望む性質を満たす項目の組み合わせ（つまりテスト）を与えられたアイテムバンク（出題可能な項目のデータベース）から探し出す組合わせ最適化問題としてテストを構成する。ただし，この最適化問題の計算コストは非常に膨大であるため，テスト自動構成のアイデア自体はeテスティングの実用化当時の1980年代から存在したにもかかわらず（植野 2007），これまで実用化および普及はされてこなかった。近年，情報処理技術の発達により計算コストの問題が緩和されつつあり，我が国でも情報処理技術者試験等の大規模なeテスティングで自動テスト構成の採用が進んでいる（谷澤・本多 2014）。本節では最も基本的なテスト構成手法と，今後普及が見込まれる複数等質テストの構成手法について代表的な手法を紹介する。

4.3.1　アイテムバンク方式のテスト自動構成

　まず，本節で取り扱う一般的なテストの自動構成について述べる。近年のeテスティングでは，アイテムバンクと呼ばれる項目データベースを用いて，テストや項目の管理を行う。アイテムバンクは細分化された教育目標と各目標に対応した項目，それに関するテスト実施後の統計データなどを格納し，これらを用いて項目やテストの正答率および信頼性を評価可能である。たとえば，ソムァン・植野（2008）のシステムでは，項目 ID，出題領域，項目反応理論（Item Response Theory：IRT）に基づく識別力・難易度パラメータ，項目の平均回答所要時間などを格納するアイテムバンクを使用している。アイテムバンクを用いることにより，高信頼項目の再利用や構成テストの正答率・回答所要時

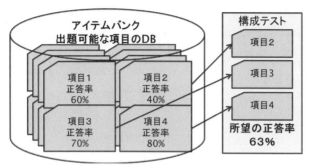

図4-3-1 自動テスト構成の例

間・得点分布などを予測可能である。

　本節で取り扱うテストの自動構成とは，これらの情報を用いて，テスト管理者が所望する条件に合う出題項目の組合わせを，計算機を用いて選び出すことである（アイテムバンク方式によるテスト自動構成）。

　たとえば，図4-3-1は項目数が3で正答率が63%となるようなテスト構成の模式図である。このようなテスト構成を行う場合，与えられたアイテムバンク中の項目数が3となる項目のすべての組合わせの中から，最も正答率が63%に近い組合わせ（項目2，3，4）を探索・出力する。

　このようにテスト自動構成は数学的最適化問題として定式化される。数学的最適化問題はさまざまな分野への応用が可能であり，盛んに研究がされてきた。そのため，優れた解探索のアルゴリズム（例えばIBM社のILOG CPLEX 2007等）が存在し，これらを利用することにより容易に最適化を行うことが可能である。数学的最適化問題とは(1)与えられた集合上の(2)ある関数が最大（もしくは最少）となる状態を解析する問題である。一般に(1)は制約式の集合で表され，(2)は目的関数と呼ばれる。つまり図4-3-1の例では，(1)与えられたアイテムバンクから作り出すことができる要素数3の項目のすべての組合わせから(2)予測される正答率と63%との誤差が最少となるものを探索する最適化問題として定式化できる。本最適化は以下のように示すことができる。

変　数

$$y_i = \begin{cases} 1 & \text{テストに項目 } i \text{ が含まれる} \\ 0 & \text{それ以外} \end{cases}$$

目的関数（最小化）

$$\left| 0.63 - \frac{1}{\sum_{i=1}^{n} y_i} \sum_{i=1}^{n} C_i y_i \right| \tag{1}$$

制　約

$$\sum_{i=1}^{n} y_i = 3 \tag{2}$$

ただし，C_i は項目 i の正答率，n はアイテムバンク中の項目数である。ここで式（1）の $\sum_{i=1}^{n} C_i y_i$ はテストに含まれる項目のみ正答率 C_i を加算したものであり，$\sum_{i=1}^{n} y_i$ はテスト中の項目数を表すため，$\frac{1}{\sum_{i=1}^{n} y_i}\sum_{i=1}^{n} C_i y_i$ は，テスト全体の正答率平均である。したがって式（1）は，正答率平均と0.63との誤差の絶対値であり，これが最小であるテストは最も正答率が63％に近いテストである。また，式（2）の左辺 $\sum_{i=1}^{n} y_i$ も同様にテスト中の項目数であり，式（2）はテスト中の項目数を3とする制約である。このような，テスト構成の条件（以降，テスト構成条件と呼ぶ）は，項目の出題領域，出題項目数，正答率の分布，得点分布，所要時間分布，IRTに基づくテスト情報量等，多くの観点を取り扱うことができ，テスト管理者はテストの目的に応じてこれらを設定することで所望のテストを構成できる。

4.3.2　項目反応理論に基づくテスト情報量

近年のテスト自動構成では，IRTに基づくテスト情報量について，最大化・もしくは目標値との誤差を最小化（最適化）することが多い。これは，テスト情報量がテストの信頼性の尺度であるためである。（もちろん，平均得点や回答所要時間などを最適化することも可能である。）

IRTに基づくテスト情報量（TestInfomation Function：TIF）は能力値 θ が既知の場合，各項目への反応が互いに独立である局所独立の仮定の下，項目 i の

IRTに基づく情報量 $I_i(\theta)$ を用いて次のように表される。

$$I(\theta)=\sum_{i=1}^{n}I_i(\theta)y_i \qquad (3)$$

また，項目反応理論の中で最も一般的な2-パラメータ・ロジスティックモデル（2-parameter Logistic Model：2PL）では，項目 i の情報量 $I_i(\theta)$ は以下のように表せる。

$$I_i(\theta)=D^2 a_i^2 p_i(\theta)(1-p_i(\theta)) \qquad (4)$$

ただし，

$$\begin{aligned} p_i(\theta) &= P(x_i=1|\theta, a_i, b_i) \\ &= \frac{1}{1+\exp(-Da_i(\theta-b_i))} \end{aligned}$$

式(3)のテスト情報量 $I(\theta)$ は，テストへの反応から推定された能力値 $SE(\hat{\theta})$ の標準誤差の逆数となっている。つまり，推定された能力値 $\hat{\theta}$ の標準誤差 $SE(\hat{\theta})$ は以下のように示せる。

$$SE(\hat{\theta})=\frac{1}{\sqrt{I(\theta)}} \qquad (5)$$

そのため，たとえば，情報量 $I(\theta)$ が高い項目・テストでは測定誤差 $SE(\hat{\theta})$ の低い，つまり信頼性の高い能力値 $\hat{\theta}$ の測定が可能である。このように情報量関数により，項目とテストの品質に理論的根拠を与えることや，目的に応じたテスト構成を行うことができる。

4.3.3 テストの目的とテスト情報量

実際のテスト構成では，テスト情報量への構成条件はそのテストの目的に応じて決定する。テスト情報量 $I(\theta)$ は前述したとおり，能力値 θ の測定精度である。そのため，そのテストの目的に合わせ，測定したい能力値 θ 付近のテスト情報量 $I(\theta)$ を高く設定する必要がある。一般に，テストはその目的に応じて表4-3-1のような4種に分類できる（植野・永岡 2009）。表4-3-1はテストの種類を，その目的，具体例，出題範囲，使用されるテスト理論の点でま

表4-3-1 テストの目的別分類

テストの種類	目的	例	範囲	テスト理論
能力測定型テスト	受験者能力を計量するため	能力測定テスト,センター試験,TOEFL,TOEICなど	広	項目反応理論
選抜型テスト	ある能力基準以上の受験者を選抜	入社試験,入学試験,資格試験	広	項目反応理論
診断型テスト	学習者の学習の行き詰まり原因を調べるため	学期末などに行われる診断テスト	中	ネットワーク型IRT
形式的テスト	学習者,教師の日々の改善のため	授業で配布される演習問題プリント	狭	S-P表

出典:植野・永岡 (2009).

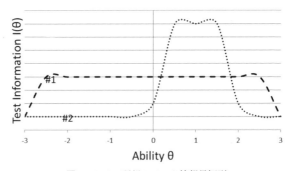

図4-3-2 理想のテスト情報量概形

とめたものである。表4-3-1よりわかるとおり,一般に項目反応理論が用いられるテストは,能力測定型テストと選抜型テストである。図4-3-2はこの二種類について,理想的なテスト情報量の概形を表している。図4-3-2の横軸は能力値 θ を,縦軸はテスト情報量 $I(\theta)$ を表している。

能力測定型テストは受験者の能力値を計量することが目的である。大学入試センター試験,TOEFL®,TOEIC® などが代表例として挙げられる。出題領域範囲は一般に広く,広い能力値の受験者が受験するため,構成されるテスト情報量は能力値 θ の広い範囲にわたってある程度高いことが求められる。そのため,理想的なテスト情報量の概形は図4-3-2の#1のようになる。

また,選抜型テストは,定数内の受験者の選抜やある能力基準以上の受験者

第4章　eテスティング研究の最先端

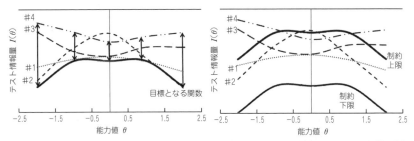

図4-3-3　テスト情報量の誤差の最小化の例　図4-3-4　テスト情報量に関する制約の例

の選抜が目的であり，入社試験，入学試験，資格試験などが代表例として挙げられる．出題領域範囲は一般に広く，テスト情報量は，合否基準に位置する受験者能力値付近で高いことが求められる．たとえば合格基準点が $\theta=1$ である場合，この周辺の能力値を高精度で測定する必要がある．そのため，構成テストの情報量関数は能力値 $\theta=1$ 付近のテスト情報量が高いことが要求されるため，図4-3-2中の#2のような形状が望ましい．

　このように，テストの目的によって，テスト情報量関数の概形は決定する．ただし，具体的にどの程度の値の情報量を確保すべきかは，使用するアイテムバンクの性質や，必要とされる能力測定精度により決定すべきである．

4.3.4　テスト情報量を用いた最適化

　テスト情報量 $I(\theta)$ を用いた最適化問題では一般にいくつかの $\Theta=\{\theta_1, ..., \theta_k, ..., \theta_K\}$ をサンプリングしその θ_k 上でのみテスト情報量 $I(\theta)$ を評価する．

　たとえば，図4-3-3は能力測定型テスト構成における，テスト情報量に関する誤差評価の模式図である．図4-3-3中の横軸は能力値 θ を，縦軸はテスト情報量 $I(\theta)$ を表している．また，図中の実線は目標となるテスト情報量関数（以下，目標関数と呼ぶ）であり，この関数になるべく近いテスト情報量をもつテストを構成したいとする．加えて，図中の破線#1~#4は構成中のテストの情報量関数とする．図4-3-3の例では $\Theta=\{-2,-1,0,1,2\}$ とし，誤差を評価している．たとえば，誤差の総和を最小化する場合，以下のような定式化となる．

目的関数（最小化）

$$\sum_{k=1}^{K}\left|\mathrm{T}(\theta_k)-\sum_{i=0}^{n}y_i\mathrm{I}_i(\theta_k)\right| \tag{6}$$

ただし，$\mathrm{T}(\theta)$ は目標関数である。この例では，テスト#1が最も誤差が少なく，#2，#3，#4の順で目標関数との誤差は大きくなる。

また，情報量関数を制約式として扱う場合も同様にこの θ_k 上で評価する。たとえば，図4-3-4はテスト情報量関数に上限と下限を与える場合の制約の模式図である。図中の実線はテスト情報量への上限・下限制約である。図中の破線#1～#4は構成中のテストの情報量関数である。図4-3-4の例でも，$\Theta=\{-2,-1,0,1,2\}$ とし，上限・下限制約の満足を評価する。たとえば，テスト#3と#4は，$\theta_k=-2,2$ で上限制約を満たしていないため，構成テストとして不適である。また，テスト情報量は能力値 θ の測定精度であり，高ければ高いほどよい。そのため，最低限の測定精度を保証すればよいテストでは下限のみを制約としてもよい。下限のみを条件とする場合，図4-3-4の例では，#1～#4はすべて情報量の制約を満たす。

4.3.5　単テスト構成手法（van der Linden 2005）

以上までで，eテスティングにおける自動テスト構成がどのように数学的最適化問題として定式化されるかを述べた。本項ではより具体的に，代表的な自動テスト構成手法を紹介する。これまでさまざまなテスト構成手法が研究されているが，本項では，線形計画問題（より詳しくは整数計画問題）としてテスト構成を取り扱う手法を紹介する。

線形計画問題とは，数学的最適化問題の一種であり，目的関数と制約式が変数の一次式で表現できるものである（刀根 2007）。線形計画問題は，解探索アルゴリズムの研究が盛んに行われており，ILOG CPLEX（2007）等の効率の良い解探索プログラムを容易に入手可能である。そのため，線形計画問題としてテスト構成を取り扱う手法は実装が容易である。

van der Linden（2005）では，テスト構成を線形計画問題（より詳しくは整数計画問題）として表現し，これをILOG CPLEX（2007）等を用いて解くテ

第4章 eテスティング研究の最先端

スト構成手法を紹介している。本手法にはいくつかのバリエーションが存在するが，本項では目標関数になるべく近いテスト情報量をもつテストを構成する定式化を紹介する。たとえば，以下のように定式化する。

変　数

$$y_i = \begin{cases} 1 & \text{テストに項目 } i \text{ が含まれる} \\ 0 & \text{それ以外} \end{cases}$$

目的関数（最小化）

$$d \tag{7}$$

制約式

$$\left| T(\theta_k) - \sum_{i=0}^{n} y_i I_i(\theta_k) \right| \leq d \tag{8}$$

$$(k=1, ..., K)$$

$$\sum_{i=0}^{n} y_i = (\text{テスト中の項目数}) \tag{9}$$

$$\frac{1}{\sum_{i=1}^{n} y_i} \sum_{i=1}^{n} C_i y_i \leq (\text{平均正答率の上限}) \tag{10}$$

$$\frac{1}{\sum_{i=1}^{n} y_i} \sum_{i=1}^{n} C_i y_i \geq (\text{平均正答率の下限}) \tag{11}$$

$$\sum_{i=0}^{n} t_i y_i \leq (\text{回答所要時間の上限}) \tag{12}$$

$$\sum_{i=0}^{n} t_i y_i \geq (\text{回答所要時間の下限}) \tag{13}$$

ただし，d は誤差を表す媒介変数である。また C_i, t_i はそれぞれ項目 i の平均正答率，平均回答所要時間である。

式（9）はテストの項目数に対する制約となっている。この例ではテスト中の項目数を制約しているが，出題領域別の項目数も同様に制約することが可能である。また，式(10)，(11)の左辺は，式（1）中と同様に構成テストの平均正答率を表している。つまり，式(10)，(11)は構成テストの平均正答率への上限・下限制約である。加えて，式(12)，(13)の左辺は，項目ごとの平均回答所要時

間の総和となっており，テスト全体の平均回答所要時間である．つまり，式(12)，(13)はテスト全体の平均回答所要時間の上限・下限制約である．式(8)は，目標関数 $T(\theta_k)$ と構成テストの情報量 $\sum_{i=1}^{n} y_i I_i(\theta_k)$ の差をすべての θ_k 上で d 以下であることを制約し，この d を最小化することにより，すべてのサンプリング点 $\theta_k(k=1, ..., K)$ で目標関数と構成しているテスト情報量との誤差を最小化している．つまり，この最適化問題は，項目数と平均正答率の上限・下限，平均回答所要時間の上限・下限の制約の中，目標関数に最も近いテスト情報量関数をもつテストを探索している．この最適化問題を解き，y_i で示された項目をテストに選出することで，テスト構成が可能である．

4.3.6　複数等質テスト自動構成

2007年にeテスティングの実施に関する標準規格 ISO/IEC 23988 : 2007（国内規格 JIS X 7221 : 2011）が策定されて以来，eテスティングは我が国のハイステークス・テストでも普及が広まっている．ハイステークス・テストとは，受験者に大きな影響を及ぼすテストを指す．たとえば，我が国の情報処理技術者試験や医学部共用試験などでもeテスティングの導入・運用が始まっている（谷澤・本多 2014；仁田ほか 2014；大久保 2014）．

ISO/IEC 23988 : 2007 では，ハイステークス・テストの信頼性の確保のために複数等質テストの使用が必須条件として記載されている．たとえば，毎年行われる資格試験では年度によって，難易度（平均点等の得点分布や所要時間分布）が大きく異なってはならない．また，同じ項目・テストを使い続けることも避けなければならない．なぜならば，出題により暴露された項目・テストは受験者によって容易に共有・対策され，能力測定の信頼性を著しく損なうためである．そのため，異なる項目により構成されているにもかかわらず，各テストが等質であるようなテスト群が必要となる．本項では，このような目的のため開発された複数等質テスト構成手法について紹介する．

4.3.7　Big Shadow Test 法（van der Linden 2005）

4.3.5項で紹介した単テスト構成手法は，目標関数と最も近いテスト情報量

第4章　eテスティング研究の最先端

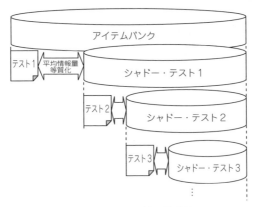

図4-3-5　BST法の模式図
出典：van der Linden (2005).

をもつテストを構成可能である。そのため，構成されたテストに含まれる項目をアイテムバンクから削除しながら繰り返しテストを構成することにより，複数等質テストが構成可能である。ただし，単テスト構成手法はその時点で最も目標関数とテスト情報量が近いテストを出力するため，構成順により目標関数とテスト情報量との誤差が徐々に大きくなる問題がある。Big Shadow Test：BST法（van der Linden 2005）はこの問題を解決する手法である。具体的には，テストに選び出す項目群とアイテムバンクに残す項目群（シャドー・テストと呼ばれる）を等質化することにより，間接的に構成テスト間を等質化する。

図4-3-5はBST法のテスト構成を模式的に表したものである。まず，BST法はアイテムバンクを"テスト1"と"シャドー・テスト1"に，項目数こそ異なるが，テスト情報量の点では等質となるよう分割する。次に，"シャドー・テスト1"を"テスト2"と"シャドー・テスト2"に，先ほどと同様に分割する。このような操作を繰り返すことによって，逐次的に等質なテストを構成していく。つまり，本手法はアイテムバンクを全く等質な二つのテストへ分割することを繰り返すことによって，複数等質テストを構成している。

具体的には，以下のような線形計画問題をILOG CPLEX（2007）などを用いて繰り返し解くことで，複数等質テストを逐次的に構成していく。

変 数

$$y_i = \begin{cases} 1 & \text{項目 } i \text{ が現在構成中のテストに含まれる} \\ 0 & \text{それ以外} \end{cases} \quad (14)$$

$$z_i = \begin{cases} 1 & \text{項目 } i \text{ が現在構成中のシャドー・テストに含まれる} \\ 0 & \text{それ以外} \end{cases} \quad (15)$$

目的関数（最小化）

$$d \quad (16)$$

制約式

$$\left| \frac{1}{\sum_{i=0}^{n} z_i} \sum_{i=0}^{n} z_i I_i(\theta_k) - \frac{1}{\sum_{i=0}^{n} y_i} \sum_{i=0}^{n} y_i I_i(\theta_k) \right| \leq d \, (k=1, ..., K) \quad (17)$$

$$y_i + z_i \leq 1 \quad (18)$$

$$\sum_{i=0}^{n} z_i \geq （今後構成するテスト数）\times（テスト中の項目数） \quad (19)$$

式(17)の最初の項はシャドー・テストのテスト情報量である．また二つ目の項は構成中のテストの情報量である．そのため，式(16)と(17)の組合わせにより，すべてのサンプリング点 $\Theta = \{\theta_1, ..., \theta_k, ..., \theta_K\}$ 上で，シャドー・テストと構成テストの項目平均情報量を等質化している．また，式(18)は構成テストとシャドー・テストに共通の項目がないことを示している．加えて，式(19)はシャドー・テスト中の項目数が今後構成するテストに含まれる項目数以上とする制約である．

この手法は，優れた解探索手段をもつ線形計画問題としてテスト構成を行うため実装が容易である．しかし，与えられたアイテムバンクから最大数のテストを構成している保証はなく，できるだけ多くのテストを構成したい，という使用方法は困難である．そのため，大規模に行われるハイステークス・テストでは実用が困難である．

4.3.8　並列計算による大規模テスト構成（Songmuang and Ueno 2011）

著者らが過去にかかわった情報処理技術者試験では2万程度のアイテムバンクから100項目程度のテストを可能な限り構成しなければならなかった．しか

し，従来の手法では100版程度の等質テストしか構成できず，実用に耐えないという問題があった．このような問題に対処したのが，Songmuang and Ueno (2011) である．この手法は，当時，最多の複数等質テストを構成でき，国家資格である情報処理技術者試験もこの手法を用いてテスト構成された（植野・永岡 2009）．本手法は並列計算を用いることにより実質的な計算コストを大きく減じ，大規模ハイステークス・テストにおけるテスト自動構成に大きく貢献した．具体的には，以下のような手順となっている．

アルゴリズム 1　Songmuang and Ueno (2011)

Require：アイテムバンク，テスト構成条件，可能テスト数 L（計算コストパラメータ）

Ensure：複数等質テスト

(STEP A)

式 (8) ～ (13) 等の最適化問題を Bees Algorithm を用いて解き，L 個のテストを構成する．

(STEP B)

式 (20) ～ (22) の最適化問題を Bees Algorithm を用いて解き，STEP A で構成したテスト群から誤差の標準偏差がなるべく少ないテスト群を抽出する．

変数

$$s_l = \begin{cases} 1 & l \text{番目のテストが複数等質テスト群に含まれる} \\ 0 & \text{それ以外} \end{cases} \tag{20}$$

目的関数（最小化）

$$\sqrt{\frac{1}{\sum_{l=1}^{L} s_l + 1} \sum_{l=1}^{L} s_l (e_l - \mu_s)^2} \tag{21}$$

制約式

$$\sum_{i=1}^{n} y_{il} y_{il'} \leq (\text{最大項目超複数}) \tag{22}$$

ただし，$l < l'$, $l = \{1, 2, ..., L\}$, $l' = \{2, 3, ..., L\}$,

$$e_l = \sum_{k=1}^{K} |T(\theta_k) - \sum_{i=1}^{n} I_i(\theta_k) y_{tl}|$$

$$\mu_s = \frac{1}{\sum_{l=1}^{L} s_l + 1} \sum_{l=1}^{L} s_l e_l$$

$$y_{tl} = \begin{cases} 1 & l 番目のテストに i 番目の項目が含まれる \\ 0 & それ以外 \end{cases}$$

STEP A は項 4.3.5 で紹介した手法とまったく同様の定式化を用い，目標関数 $T(\theta)$ に近いテスト情報量をもつテストを可能テスト数 L 個構成する。また，STEP B では STEP A で構成したテスト群中から，テスト情報量の分散（式(21)）が最小となるテスト集合を抜き出している。この式に含まれる $\sum_{l=1}^{L} s_l$ は抜き出されるテスト集合に含まれるテスト数である。したがって，構成テスト数が増えれば本目的関数は改善される。つまり，本手法はテスト構成数そのものではないが，それを含むパラメータを最適化しており，なるべく多くのテストの組合わせを探索している。式(22)は二つのテスト l と $\hat{l}$ 中の重複項目数の最大数を制約している。つまり，この最適化問題は，どの二つのテストも共通の項目数が重複条件以下で，テスト情報量の標準誤差が最小となる複数等質テストの組み合わせを探索する最適化問題となっている。

本手法は並列計算が可能な Bees Algorithm (Pham et al. 2006) を用いて，実質的な計算時間を大きく減らすことできる。ただし，構成テスト数そのものを最大化しているわけではないため，与えられたアイテムバンクから最大数のテストを構成する保証がない。

4.3.9 テスト構成数を最大化する複数等質テスト構成手法（Ishii et al. 2014）

Songmuang and Ueno (2011) の手法は，多くのテストを現実的に構成可能としたが，理論的にはテスト構成数を最大化しない。理論的に与えられたアイテムバンクから最大数のテストを構成する手法としては Belov and Armstrong (2006) や石井ら（2014），Ishii et al. (2014) 等がある。本項では，現在最も多くのテストを構成できる手法である Ishii et al. (2014) を紹介する。本手法では，

テスト情報量関数は，図4-3-4のように，テスト構成条件の制約として扱う。
具体的には以下のような最適化問題として複数等質テスト構成を行う。

変　数

$$C \subseteq V \tag{23}$$

目的関数（最大化）

$$|C| \tag{24}$$

制約式

$$\forall v, \forall w, \in C, \{v,w\} \in E \tag{25}$$

ただし，

$$\forall v, \in V \; (v \text{ はテスト構成条件を満たす}) \tag{26}$$

$$\{v,w\} \in E \Rightarrow (v, w \text{ は重複条件を満たす,}$$
$$\text{つまり重複項目数が条件以下である}) \tag{27}$$

　この最適化問題は，テスト情報量関数への上下限条件を含むテスト構成条件を満たすテストの中から（式(26)），どの二つのテストも重複項目数が少ない（式(27)），最大のテスト集合を探索する最適化問題である。この最適化問題は最大クリーク問題と呼ばれる組み合わせ最適化問題である。この手法を模式的に表した例が図4-3-6である。

　図4-3-6中のグラフのノードはテスト構成条件を満たす（つまり，等質である）テストである。また，グラフのリンクは重複条件の満足を表している。つまりこのようなグラフ中で連結されている2ノードは互いに等質で重複条件を満たす（共通項目数の少ない）2つのテストである。最大クリークとは，グラフ中でどの2つのノードもリンクで結ばれた構造（クリーク）の中で最大のものを指す。このようなグラフ中のクリークは複数等質テストである。なぜならば，このクリーク中の任意の2ノードは接続されており重複条件を満たしている。また，このクリーク中のノードに対応するテストはそれぞれ等質である。したがって，このグラフ中の最大クリークは最大の複数等質テスト群となる。

　本手法は現在どの手法よりも多くの複数等質テストを構成可能である。表4-3-2は，シミュレーション，および実データの大規模アイテムバンクから

第Ⅱ部 eテスティング

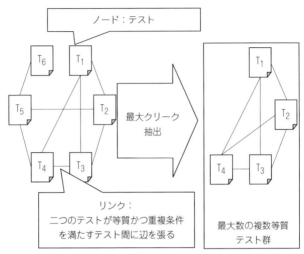

図4-3-6 複数等質テスト構成のための最大クリーク問題
出典：Ishii et al. (2014).

表4-3-2 各種法のテスト構成数の比較

アイテムバンクサイズ	重複条件	手法			
		BST	GA	BA	RM
500	0	12	3	5	10
	5	20	23	96	4380
	10	20	21	107	99983
1000	0	21	4	6	17
	5	40	17	104	46305
	10	40	19	105	100000
2000	0	53	8	12	32
	5	80	22	104	96876
	10	80	23	103	100000
978 (actual)	0	24	9	9	16
	5	39	283	371	40814
	10	39	286	381	100000

出典：Ishii et al. (2014).

同一条件下でテスト構成した場合の各手法の構成テスト数を表している。

比較を行った手法は，Big Shadow Test 法（van der Linden（2005））：BST，遺伝的アルゴリズムを用いた手法（本記事で未紹介）Sun et al.（2008）：GA，Songmuang and Ueno（2011）：BA，Ishii et al.（2014）：RM である。シミュレーションアイテムバンクはそれぞれ500，1000，2000の項目をもつ。また，実アイテムバンク（項目数978）は，実際の人事測定テストのアイテムバンクである。表4-3-2は，これらのアイテムバンクから各手法で，25項目のテストを構成している。この時，テスト間の重複項目数を，0項目（重複項目なし），5項目以下（20％以下），10項目以下（40％以下）と変化させ，テスト構成数を比較した。

重複条件＝0の場合は，BST 法が最も多くのテストを構成しているが，その他の場合，RM が他手法の数百倍以上のテストを構成することがわかる。以上より，大規模なアイテムバンクから大量のテストを構成する場合，RM（Ishii et al. 2014）が既存の手法中で与えられたアイテムバンクから最も多くのテストを構成可能であり，構成テスト数と計算コストの点で最も実用的であると考える。ただし，これまでの複数等質テスト構成手法は，それぞれの項目の使用回数について，制限を行っていない。つまり，それぞれの項目によりテスト全体での使用回数に極端に差が出る可能性がある。そのため，構成テスト群中で極端に使用頻度の高い項目を含むテストは使用しない，などの工夫が必要となっている。この問題は項目暴露問題と呼ばれており，一般に構成テスト群中の項目の暴露頻度は，項目の使用回数（暴露）について制御を行わない場合，Zipf の法則に従うと Wainer は報告している（Wainer and Educational Testing Service 2000）。そのため，テスト間に項目重複を許した条件での複数等質テスト構成には，特にテスト構成数が多くなった場合に注意が必要である。

4.3.10 まとめ

本節では，e テスティングと情報処理技術の普及により急速に実用化が進む，e テスティングにおける自動テスト構成について，基本的なテスト構成手法と，今後さらなる普及が予想される複数等質テスト自動構成手法について紹介した。

テストの自動構成は数学的最適化問題として定式化されることを，例を用いて説明した．その後最も基本的な線形計画問題を用いるテスト構成手法 van der Linden（2005）を紹介した．加えて，今後さらなる需要が見込まれる複数等質テスト自動構成手法について代表的な3種の手法を紹介した．BST 法 van der Linden（2005）は線形計画問題を用いる実装が容易な手法である．Songmuang and Ueno（2011）は我が国の情報処理技術者試験で用いられた手法である．最後に Ishii et al.（2014）は現在，世界で最も多くのテストを構成できる手法である．ただし，紹介を行った複数等質テスト構成手法には，項目暴露問題と呼ばれるそれぞれの項目の使用回数に極端に差が出る問題があり，今後の課題として，項目暴露数の分布が一様になる複数等質テスト自動構成アルゴリズムの開発が必要である．

参考文献

Belov, D. I. and Armstrong, R. D. (2006) "A Constraint Programming Approach to Extract the Maximum Number of Non-Overlapping Test Forms," *Computational Optimization and Applications*, 33, 319-332.

ILOG (2007) ILOG CPLEX User's Manual 11.0.

Ishii, T., Songmuang, P. and Ueno, M. (2014) "Maximum Clique Algorithm and Its Approximation for Uniform Test Form Assembly," *IEEE Transaction on Learning Technologies*, 7, 83-95.

石井隆稔・ソムァンポクポン・植野真臣（2014）「最大クリーク問題を用いた複数等質テスト自動構成手法」『電子情報通信学会和文D』J97-D(2)：270-280.

ISO/IEC 23988：2007, Information technology - A code of practice for the use of information technology (IT) in the delivery of assessments.

JIS X 7221：2011『アセスメント提供における情報技術（IT）利用の規範』

仁田善雄・齋藤宣彦・後藤英司・高木康・石田達樹・江藤一洋（2014）「医療系大学間共用試験におけるeテスティング」『日本テスト学会第12回大会発表論文抄録集』, 58-59.

大久保智哉（2014）「入試選抜者とeテスティング」『日本テスト学会第12回大会発表論文抄録集』, 60-63.

Pham, D. T., Ghanbarzadeh, A., Koç, E., Otri, S., Rahim, S., and Zaidi, M. (2006) The Bees Algorithm — A Novel Tool for Complex Optimisation Problems, Proc 2nd Int Virtual Cof on Intelligent Production Machines and Systems (IPROMS 2006). Oxford：Elsevier, 454-461.

Songmuang, P. and Ueno, M. (2011) "Bees Algorithm for Construction of Multiple Test Forms in E-Testing," *IEEE Transactions on Learning Technologies*, 4, 209-221.

ソムァンポクポン・植野真臣（2008）「ｅテスティングにおける得点・時間予測システムの開発」『電子情報通信学会論文誌』J91-D(9)：2225-2235.

Sun, K.-T., Chen, Y.-J., Tsai, S.-Y. and Cheng, C.-F., (2008) "Creating irt-based parallel test forms using the genetic algorithm method," *Applied Measurement in Education*, 2(21), 141-161.

谷澤明紀・本多康弘（2014）「情報処理技術者試験におけるｅテスティング」『日本テスト学会第12回大会発表論文抄録集』, 54-57.

刀根薫（2007）『数理計画』朝倉書店.

植野真臣（2007）『知識社会におけるｅラーニング』培風館.

植野真臣・永岡慶三（2009）『ｅテスティング』培風館.

van der Linden, W. J. (2005) *Liner Models for Optimal Test Design*, Springer.

Wainer, H. and Educational Testing Service (2000) *CATS: Whither and Whence*, Educational Testing Service.

第5章

教育現場でのeテスティング技術の利用・応用

5.1 生体情報・行動情報を用いた学習者の心的状態の推定

松居辰則

　教授・学習過程において学習者の心的状態を把握することは極めて重要である。人間教師の場合は教授・学習過程の適材適所において学習者の心的状態を把握して教授戦略や教授方略に反映させることができるが，これを計算機支援によって自動的に行わせることは今後の教育システム研究においては重要な課題である。教育工学研究においても，学習者の眼球運動や発汗量など生体情報を学習行為や心理状態と関係付けるための基礎的な研究は多くの知見を蓄積している（中山ほか 2000）。そして，昨今の計算機や生体計測機器の高機能化・小型化と低廉化に伴って，生体計測機から得られるリアルタイムかつ大量のデータを高速に処理することにより，生体情報や行動情報を用いた学習者の心理状態の計算機による自動推定と教育支援への試みが盛んに行われている。そこで，本章では，知的メンタリングシステム構築に向けた学習者の行動情報と心的状態の関係に関する実験的検討と汎用的記述に向けた研究を紹介する。

5.1.1　知的メンタリングシステム

　Eラーニングの効果的利用においてメンタリングの機能は重要である。ここでは指導者（メンター）と学習者とがメールや掲示板などを介して密にコミュニケーションをとり，学習内容に関する補足的説明や学習活動を維持するための激励などの支援がなされている。これにより，ドロップアウト率の低下など

の成果が報告されている（松田 2005）。しかし，これら運用には人的なコストや時間的なコストの増加という課題がある。一方，学習者支援を自動化する取り組みが ITS（Intelligent Tutoring System）研究を中心になされてきた。ITS の多くは，学習者モデルにおいて，教材に関する知識等を表現し，学習者がもつ知識や教材に対する理解の程度を診断することを目的とするものが多かった。これに加え，さらに学習者の行き詰まりや意欲，集中の度合いなどの心理状態を学習者モデルに取り込むことが出来れば，より柔軟で広範な学習支援の自動化が可能となることが期待される。そこで，本章では広義の学習支援システム（eラーニング・システムを含む）において学習者の知識・理解状態，心理状態の両側面を推定する機能を実装し，適切な自動メンタリングを実現するために必要なモデルと技術基盤について紹介する。このような学習支援機能を備えたシステムを，知的メンタリングシステム（IMS：Intelligent Mentoring System）と呼ぶことにする。ここで提唱する IMS の特徴のひとつは，学習者モデルの診断機能において学習者の心理状態を考慮する点である。この心理状態は刻々と変化するものであるため，常にモニタリングし即時的に診断とフィードバックができるようにする必要がある。そこで，IMS では既存の ITS 研究による知識・理解状態の診断技術や支援方法（教授戦略）の決定モデル等に加え，心理状態のリアルタイムな推定結果やそれに基づく支援方法の決定モデルとあわせて統括的な学習者支援を行う。このような IMS の実現に向けては，学習者の心理状態の推定機構と，学習者状態の診断結果に基づく支援方法の決定機構の2つの技術的基盤が新たに必要となる（図5-1-1）。

　学習者の心理状態の推定機構に関して，筆者らはこれまでに IMS 実現のための技術的基盤のひとつである，学習者の心理状態をリアルタイムに推定するシステムの構築を試みてきた。特に，一般的なコンピュータ利用環境への導入を容易にするため，"特殊な装置や操作を必要としない"手法の確立を試みている点が特徴的である。具体的には，学習者の心理状態を推定する指標としては，瞳孔面積などの生理的指標が有用であるとの意見が報告されているが，特殊な装置が必要となるため，学習者の行動的特徴である Low-Level Interaction リソース（後述）に注目していることが特徴である。

図5-1-1　IMSの概念図

① Low-Level Interaction

インタラクションはさまざまな粒度で据えることができる。RyuらはGUI (Graphical User Interface) におけるインタラクションを，ユーザとシステムとの循環的なやり取りであるとし，その最小単位をLow-Level Interactionと定義している (Ryu et al. 2004)。IMSの構築においてはこの定義を参考に，マウスの移動速度の変化や，キーボードの打鍵時間間隔，姿勢の変化など，出来る限り細かい粒度でサンプリングした行動的特徴をLow-Level Interaction (LLI) リソースと定義する。一方，キーボードによって入力された文字列や，その作業に要した時間などのリソースは，サンプリング粒度の粗いHigh-Level Interaction (HLI) リソースと定義する。図5-1-2はHLIとLLIの概念を示している。HLIリソースによるインタラクションが明確な意識を伴う高次のインタラクションであるのに対して，LLIによるインタラクションは必ずしも明確な意識を伴わない低次のインタラクションであるとも考えることができる。したがって，IMSの構築においては「学習者の（明確な意識を伴わない）何気ない行動から心理状態を推定すること」が目標となる。LLIリソースを利用した研究として個人認証への応用がある（佐村・西村 2006；泉ほか 2004）。さらにLLIの利用範囲は個人認証にとどまらず，個人内での心身的な変化の抽出に対する示唆もなされている（佐村・西村 2006）。このことから，IMSにおいてもLLIリソースを用いることで，1) 連続的に，2) 学習ドメインに依存しない心理状態の推定が期待される。

第5章 教育現場でのeテスティング技術の利用・応用

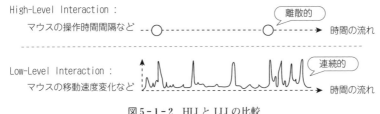

図5-1-2 HLIとLLIの比較

② LLIに着目した心理状態推定

　学習者の行動的特徴に基づく心理状態の推定を目的とした研究として次のようなものがある。中村ら（中村ほか 2002）による研究では，学習者へヒントを掲示する等の支援を行う機能を複数用意し，これらの支援機能が呼び出される時間間隔やスクロール操作などの時間間隔（HLI）に基づいて，学習者の行き詰まりの推測を行うシステムが提案されている。また，中村ら（2007）・中村ら（2010）によって，ステレオカメラを用いて取得した視線と顔の傾きの分散（LLI）と，マウスクリックなどの端末操作の時間間隔（HLI）を組み合わせて主観的難易度を推測するシステムが提案されている。しかしながら，HLIに基づくものは，リソースの時間粒度が大きいため実時間推定には限界がある。また中村ら（2002）ではHLIリソースの取得にあたり，コンテンツ内に特殊な機能を埋め込むという制約がある。さらに，中村ら（2007）・中村ら（2010）ではLLIリソースの取得に特殊な装置を必要としている。そのため，一般的なeラーニング利用環境における導入には更なる工夫が必要である。そこで，堀口ら（2008）では，LLIリソースのひとつであるマウスの移動速度に注目し，学習者の異常行動のリアルタイム検知にある程度成功している。しかし，マウスをあまり動かさない学習者に対しては有効な推定が行えないという課題が残っていた。そこで，複数のLLIリソースに基づいて，より広範な学習者に適応可能な心理状態のリアルタイム推定を試みる手法を提案している（堀口ほか 2009）。さらに，堀口ら（2010a）ではそこで得られたLLIリソースと心理状態との関連をより詳細に見直し，学習者の行き詰まりの自動推定を行うモデルを提案している。また，その状態変化をリアルタイムに推定することも試みて

いる。具体的には，コンピュータ上で学習課題に取り組む学習者の心的状態の変化を，マウス，ウェブカメラといった一般的なコンピュータに標準的に装備されたデバイスで取得可能な情報からリアルタイムに推定するモデルの構築を行っている。

③ 推定モデル

　ここでは，堀口ら（2010b）における心理状態の推定モデルについて述べる。LLI リソースに基づく心理状態の推定モデルを構築するためには，特定の心理状態における学習者の LLI リソースの特徴を探る必要がある。そこで学習者の LLI リソースと心理状態を取得し，両者の間の関連性を抽出するための実験を実施し，特に，学習者の行き詰まりにおける LLI リソースの特徴として次の2点を導いている。

　　［特徴1］行き詰まりが発生するとマウスの移動速度の周期に変化が生じる（周期が短縮される）
　　［特徴2］行き詰まりが発生すると顔の前後移動と傾きに変化が生じる（変位量が大きくなる）

　この知見に基づき，各 LLI リソースの特徴的な変化から学習者の行き詰まりを推定するモデルを構築している。このモデルでは，LLI リソースから得られた情報を入力し，行き詰まりの有無を出力する。LLI リソースの取得から推定結果の出力のプロセスはすべて独立してバックグラウンドで動作させることで，リアルタイムな推定を実現している。

　具体的には，1）マウスの移動速度，2）顔の前後移動，3）顔の傾きの特徴的な動きを検出するモデルを構築している。推定モデルにはこれらの3つの LLI リソースを入力するものとし，それぞれの信号は時間 - 周波数解析によって LLI リソースの特徴量を抽出している。時間 - 周波数解析には離散ウェーブレット変換による多重解像度解析（MRA：Multi Resolution Analyze）を採用している。これらの特徴量から推定結果（行き詰まりの有無）を出力する識別器を3階層フィードフォワード型のニューラルネットワーク（NN）で提案している。その概念図を図5‐1‐3に示す。この推定モデルは，3つの

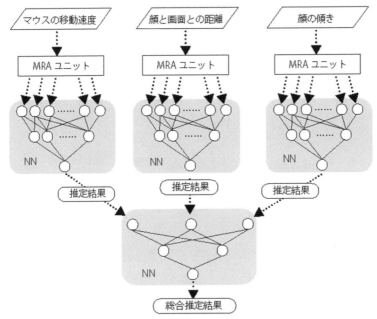

図5-1-3 行き詰まりの推定モデルの概念図

MRAユニットと4つのNNにより構成される。3つのLLI信号はそれぞれMRAによって特徴量を抽出し，得られた特徴量から，それぞれ推定結果をNNによって出力する。この3つのNNの推定結果をさらにもうひとつのNNによって評価を行う構造としている。このように複数のLLIリソースの推定結果を総合的に評価することで，推定精度の安定性の向上が期待される。これらの推定はすべて逐次的なバックグラウンド処理が可能である。MRAのための信号のバッファリングによる遅延は発生するものの，リアルタイムな推定を実現している。

そして，モデルの推定精度に関する検証を行っている。具体的には，5人の学習者からLLIリソースと心理状態を取得し，本モデルによる推定結果と学習者から報告された心理状態とを比較することで，推定結果を時間的妥当性の観点から評価している。

その結果，複数のLLIリソースのMRAによる特徴量を用いる本手法に

よって，マウスをほとんど操作しない学習者に対しても，マウスで文字をトレースする行動が確認された学習者に対しても，良好な結果が確認され，IMS実現への可能性を見出している。

④ 今後の課題

③で述べたように，LLIリソースからリアルタイムに学習者の心理状態の推定の可能性を見出すことができた。しかしながら，これらのルールやモデルに関する一般的な議論を展開するまでには至っていないため，今後も継続した検討が必要である。IMSの特徴として「特別な計測機器を用いず一般的な計算機環境での推定を実現する」ことがある。最終的には，一般的なコンピュータに標準的に装備されているデバイスのみを用いて学習者の心理状態を推定することを考えている。そのために，現段階での実験的検討においては，脳波計測装置，NIRS（近赤外分光法），視線計測装置，モーションキャプチャシステム（動作解析装置），座圧測定器等を用いて推定可能な心理状態，およびLLIと心理状態の関係に関する基礎データを収集している。これらのデータから，LLIのみと心理状態との関係に関する数学的関係を導くことが今後の課題である。

5.1.2　学習時の心的状態に関する知識記述
① 知識記述の必要性

前項まで，LLIリソースを用いて学習者の心的状態を推定する取り組みについて述べてきた。それらの取り組みにおいては，あらかじめ研究者が推定しようとする心的状態が明確にされており，どのようなLLIリソースを用いるかということが課題であった。取り上げた例の他にも，自信や興味，困惑などといった情動状態（Arroyo et al. 2009；Muldner et al. 2009），適切な学習活動を行わずにシステムから答えを引き出そうとする不適切な行動（Baker & Yacef 2009），行き詰まりや迷い等の異常状態（堀口ほか 2010；中村ほか 2002；植野 2007）などが推定の対象となっている。これらをはじめとした研究は今後も増えていき，学習者とその状況を理解するために有用な知見が益々に蓄積されていく見通しである。

こういった知見を利用する際に注意しなければならない点は，それぞれの研究において推定の対象である心的状態と推定方法が，類似したものも含めて多種多様であり整理されていないことである。それぞれの研究において扱われている心的状態が他の研究で扱われているものとどのように異なっているかということは現時点において不明確であると言わざるを得ない。さらに，同じ心的状態であっても異なった LLI リソースが推定に用いられることがあり，取得された LLI リソースがそのまま心的状態を意味するわけではない。したがって，LLI リソースを学習者とその状況の理解に役立てるためには，LLI リソースと心的状態の関係を明らかにするとともに，学習支援システムを構築する際に参照可能なように記述しておく必要がある。LLI リソースと心的状態の関係を記述するにあたっては，まず(1)LLI リソースと心的状態がそれぞれどのような過程において生起しているかということを捉えた上で，(2)その過程の中で心的状態が概念的に分類されるかということを明確化する必要があると考えられる。ここでは，それぞれについて例を挙げながら記述の考え方について述べたい。前者については，5.1.1と関連して行った，多肢選択問題を回答中の学習者の視線パターン（LLI リソース）と心的状態を収集した結果を取り上げ，後者については心理学の分野において提案されている Academic Emotions の概念とそれらを規定する Control-value Theory を紹介する。

② 視線と心的状態の対応関係

　まず，生体情報と心的状態がそれぞれどのような過程において生起しているかということを把握するために，多肢選択問題を回答中の視線情報を取得し，その視線情報に基づいて問題回答における行動を記述した（Muramatsu et al. 2012）。実験に使用した問題は，一般常識や雑学に関する四択問題30題であった。各問題は，著者らが作成したプログラムにより全画面に提示され，実験参加者はマウスをクリックすることで選択肢を回答した。四択問題の回答後にアンケートが表示され，1）答えだと思った選択肢を正しく選んだか否か，2）答えにどの程度の確信をもっているか，3）各選択肢がどの程度答えである／答えではないと思っているかについての回答が求められた。答えにどの程度の確

信をもっているかというアンケート項目は「回答の確信」を表していると解釈され，各選択肢がどの程度答えであるかという項目は，「答えではない」という回答の個数から，候補になった選択肢の数すなわち「選択肢の迷い」を表していると解釈された。

得られた視線情報から，問題回答中の視線は問題文の領域から選択肢に向かって推移し，その後選択肢や問題文に推移することがわかった。また，(1)各選択肢を一通り走査する前の段階で，問題文から選択肢1へ視線が推移するパターン，(2)問題文から選択肢1へ推移した後にもう一度問題文へ推移し，次に選択肢2へ推移するパターン，(3)選択肢2の後に選択肢1に推移し，その後に選択肢3へ推移するパターンが多くみられた。これら3つのパターンはそれぞれ選択肢の先読み，問題文の返り読み，選択肢の返り読みであると考えられる。

アンケート結果と視線パターンとを照らし合わせた結果，(1)選択肢の先読みは回答の確信が低く，選択肢の迷いが高い心的状態と関連し，(2)問題文の返り読みは回答の確信が中程度，選択肢の迷いが高い心的状態と関連し，(3)選択肢の返り読みは回答の確信が中程度，選択肢の迷いが中程度の心的状態と関連していると解釈された。この研究結果のように，学習者が多肢選択問題を回答する過程において，学習者が選択肢や問題文に視線を向ける行為と学習者の心的状態との関係が明らかになれば，学習者が取り組む課題（ここでは多肢選択問題）と学習者の行為（LLIリソース）を明示することによって，学習者に生じる心的状態を明示的に記述することができると考えられる。

③ 学習時の感情に関する分類

次に，その過程の中で心的状態が概念的に分類されるかということについては，既往研究で提案されている分類を参照することができる。心理学の分野において，学習（academic learning），授業（classroom instruction）や学業達成（achievement）に直接的に結びつく感情がAcademic Emotionsと呼ばれている（Pekrun et al. 2002）。特に，学業達成に直接的に結びつく感情はAchievement Emotionsと呼ばれ，それを測定するためのAchievement Emotions Questionnaire（AEQ）と呼ばれる質問紙が作成されている（Pekrun et al. 2011）。この質

問紙は enjoyment, boredom, anger, hope, anxiety, hopelessness, pride, relief, shame という9つの感情についての尺度から構成されている。9つの感情のうち enjoyment, boredom, anger は activity emotions と呼ばれ，hope, anxiety, hopelessness は prospective outcome emotion, さらに pride, relief, shame は retrospective outcome emotion と呼ばれている。これら3つのカテゴリは対象（object focus）によって区別され，それぞれ順に進行中の活動自体，予想される活動の成果，過去の活動の成果を対象としている。

　また，感情評価の対象となる活動あるいはその成果に対する主観的な重要性（Value）と主導性（Control）によって9つの感情を特徴づける Control-value Theory が提案されている（Pekrun 2006）。ここで，主観的な重要性とは行為や成果に対して認識した感情価（Valence）であり，主観的な主導性とは行為や成果を通して認識した主体の因果的影響を指している。たとえば，Enjoyment の感情はある活動を主導的に行うことができ，かつその活動が重要であると経験された場合に引き起こされると捉えられる。たとえば，授業に参加することに対する Enjoyment と試験問題を解くことに対する Enjoyment はそれぞれの状況における対象，重要性，主導性によって表される。さらに，ある教材が自分の能力で解けそうだ（Control）と感じ，なおかつ，その教材が面白い（Value）と感じた場合には，重要性と主導性の組み合わせから Enjoyment の感情（Activity Emotion）が生じることが解釈される。このように，学業に関連して引き起こされる感情は評価の際に焦点化される対象（Object Focus），重要性（Value），主導性（Control）によって定義され，異なった状況で生起する感情を区別することができる。

　先述の多肢選択問題を回答中の学習者の心的状態を表すためには，学習者が取り組む課題（先の例では多肢選択問題）と学習者の行為（LLI リソース）を明示することを述べたが，Control-value Theory の考え方に立脚すれば，学習者の心的状態をより詳細に分類することが可能になると考えられる。すなわち，Control-value Theory において感情評価の対象となる活動あるいは成果に対するプリミティブな心理量を用いて感情を定義したように，多肢選択問題のような課題に対する心理量を新たに定義することで「回答の確信」や「選択肢の

迷い」のような心的状態を区別することができるようになると考えられる。

④ 心的状態に関するオントロジーの構築

　上記のような考え方によって，LLI リソースと心的状態の関係に関する知識を記述することができる。IMS を構築するにあたっては，その知識をシステムが適切に扱える必要がある。ソフトウェア工学の分野では，情報処理システムが扱うドメイン知識を整理し，それらを再利用することを目的としてドメイン分析・モデリングという方法論の構築が行われている（廣田ほか 1999）。ドメイン分析・モデリングというアプローチはシステム開発における知識の再利用を体系化しようとする取り組みの一つであるが，その根底にはシステムを構成するための知識そのものが何であるのかという問題が残っている。すなわち，何らかの方法で得られたドメインモデルが，現実世界の何を表しているかという問題である。

　この点について，これまでに人工知能分野におけるオントロジー研究が知識概念の体系化が行われ成果をあげてきた。オントロジーは「概念化の明示的記述」（Gruber 1993）と定義され，さらに知識ベースの視点から「人工システムを構築する際のビルディングブロックとして用いられる基本概念／語彙の体系（理論）」（Mizoguchi et al. 1995）とされる。すなわち，オントロジーとは人間と計算機の両者から理解可能な知識記述のための共通基盤であり，「対象世界をどのように捉えたか（概念化したか）を明示し，一貫性をもって知識（インスタンスモデル）を記述するための共通概念や規約を提供するもの」（古崎 2009）である。

　学習者の LLI リソースと心的状態の関係についても，その知識の規約となるオントロジーを構築することによって，汎用的かつ統合的に知識を管理することができるようになると考えられる。心的状態を表す心理量の概念については上位オントロジーを拡張する形で定義が試みられており（村松ほか 2015），またそういった心理量を用いて心的状態としての Academic Emotions を表現する試みも行われている（Muramatsu & Matsui 2014）。これらの研究は途上ではあるが，今後の IMS 開発に対して大きな役割を担うことが期待される。

［付記］　本節の内容は，松居辰則「感性情報学としての学習支援システム研究——学習者の心的状態の推定手法」，「特集：学習科学と学習工学のフロンティア——私の"学習"研究（後編）」『人工知能』3(4)，人工知能学会（2015年7月）を編集したものである．

参考文献

Arroyo, I., Cooper, D. G., Burleson, W., Woolf, B. P., Muldner, K. and Christopherson, R. (2009) "Emotion Sensors Go To School," *Proceedings of the 14th International Conference on Artificial Intelligence in Education*, 17-24.

Baker, R. S. J. D. and Yacef, K. (2009) "The State of Educational Data Mining in 2009：A Review and Future Visions," *Journal of Educational Data Mining*, 1(1)：3-17.

古崎晃司（2009）「ドメインオントロジーの構築と利用」『情報知識学会誌』19(4)：296-305.

Gruber, T. R. (1993) "A translation approach to portable ontology specifications," *Knowledge Acquisition*, (2)：199-220.

廣田豊彦・伊藤潔・熊谷敏・吉田裕之（1999）「ドメイン分析とドメインモデリングの概説」『情報処理』40(12)：1173-1179.

Hokyoung Ryu, Andrew Monk (2004) "Analysing interaction problems with cyclic interaction theory：Low-level interaction walkthrough," *PsychNology Journal*, 2(3)：304-330.

堀口祐樹・小島一晃・松居辰則（2008）「e-learning における学習時の潜在的な意識変化の抽出」第22回人工知能学会全国大会論文集．

堀口祐樹・小島一晃・松居辰則（2009）「e-learning における学習者のマウスの動きと顔の動き情報を用いた行き詰まりの検出手法の提案」第56回先進的学習科学と工学研究会資料（SIG-ALST-A901），21-26.

堀口祐樹・小島一晃・松居辰則（2010）「e-learning における学習者の Low-Level Interaction 特徴に基づく行き詰まりの推定システム」第24回人工知能学会全国大会論文集，2F1-3.

堀口祐樹・小島一晃・松居辰則（2010）「MRA を用いた学習者の Low-Level Interaction 特徴からの行き詰まりの推定手法」第58回人工知能学会先進的学習科学と工学研究会（SIG-ALST-A903），1-6.

泉正夫・長尾若・宮本貴朗・福永邦雄（2004）「マウス操作の特徴を用いた個人識別システム」『電子情報通信学会論文誌』J87-B(2)：305-308.

松田岳士・本多信行・加藤宏（2005）「e メンタリングガイドラインの形成とその評価」『日本教育工学会論文誌』29(3)：139-250.

Mizoguchi, R., Vanwelkenhuysen. J. and Ikeda. M. (1995) "Task ontology for reuse of problem solving knowledge," *Proceedings of Knowledge Building & Knowledge*

Sharing, 46-59.

Muldner, K., Christopherson, R., Atkinson, R. and Burleson W. (2009) "Investigating the Utility of Eye-Tracking Information on Affect and Reasoning for User Modeling," *Proceedings of the 17th International Conference on User Modeling, Adaptation and Personalization*, 138-149.

Muramatsu, K., Kojima, K., Matsui, T. (2012) "Ontological Descriptions for Eye Movement Data and Mental States in Taking Computer-based Multiple-Choice Tests," *Proceedings of the 20th International Conference on Computers in Education (ICCE 2012)*, 33-40.

Muramatsu, K., Matsui, T. (2014) "Ontological Descriptions of Statistical Models for Sharing Knowledge of Academic Emotions," *Proceedings of the 22th International Conference on Computers in Education (ICCE 2014)*, 42-49.

村松慶一・戸川達男・小島一晃・松居辰則（2015）「色彩感情に係る心理的属性のオントロジー」『人工知能学会論文誌』30(1)：47-60.

中村喜宏・赤松則男・桑原恒夫・玉城幹介（2002）「操作時間間隔の変動に着目したCAI学習の行き詰まり検知方法」『電子情報通信学会論文誌』D-1, J85-D-1(1)：79-90.

中村和晃・角所考・美濃導彦（2007）「e-learning環境における学習者の観測に基づく主観的難易度の推定」画像の認識・理解シンポジウム（MIRU 2007）．

中村和晃・角所考・村上正行・美濃導彦（2010）「e-learningにおける学習者の顔動作観測に基づく主観的難易度の推定」『電子情報通信学会論文誌』D, 93(5)：568-578.

中山実・清水康敬（2000）「生体情報による学習活動の評価」『日本教育工学雑誌』24, No. 1, pp. 15-23.

Pekrun, R., Goetz, T., Titz, W. and Perry, R. P. (2002) "Academic Emotions in Students' Self-Regulated Learning and Achievement: A Program of Qualitative and Quantitative Research," *Educational Psychologist*, 37(2): 91-105.

Pekrun, R. (2006) "The Control-Value Theory of Achievement Emotions: Assumptions, Corollaries, and Implications for Educational Research and Practice," *Educational Psychology Review*, 18(4): 315-341.

Pekrun, R., Goetz, Frenzel, A. C., Barchfeld, P. and Perry, R. P. (2011) "Measuring Emotions in Students' Learning and Performance: The Achievement Emotions Questionnaire (AEQ)," *Contemporary Educational Psychology*, 36, (1): 36-48.

佐村敏治・西村治彦（2006）「テキスト入力によるキーストロークダイナミクス」『情報知識学会誌』16(2)：63-68.

植野真臣（2007）「eラーニングにおける所要時間データの異常値オンライン検出」『電子情報通信学会論文誌』J90-D(1)：40-51.

5.2 テスト時の学習者の誤りの可視化の効用

東本崇仁

5.2.1 テスト時の誤りと学習

　読者の皆様は，英語や国語などのテスト時に出題された長文に興味をもち，その長文の全文を読みたくなるといったような経験をしたことがあるのではないだろうか。また，テストで良い点を取れたことで嬉しさから，あるいは間違えたことによる悔しさから，次はより頑張ろうと考えたこともあるかと思う。このように，テストは単に学習の効果を評価するだけでなく，次の学習につながるきっかけとなりうるものである。特に，テスト時に学習者が誤った場合，誤った箇所は記憶に強く残り，その強い記憶が今後の誤りを抑制するといった効果が期待される。通常の学習環境においても，学習者が誤ったときには，自身の誤りを振り返らせた上で，学習を進めさせることが望ましい。しかし，多くの学習環境では誤った後にすぐに再度解答を入力できる機会があるため，自身の誤りを十分に振り返らない場合も少なくない。一方，テストにおいて学習者が誤った場合は，その結果が学習者の評価に影響を与えることから，学習者が自身の不利益を実感しやすく，誤りの印象は強く記憶に残ることとなる。したがって，テストにおいて誤ることは，強い学習動機を生むといえる。しかし，テストを実施したのみで学習者に結果をフィードバックしない場合はこの効果は期待できないことから，学習者にフィードバックを与えることが前提となる。この際，学習者にとってより効果的なフィードバックを与えることができれば，テスト時の誤りを次の学習への強い動機とすることができる。このような，学習を行い，その学習成果をテストで試し，テスト結果を次の学習につなげるというプロセスは，学習とテストの関係において健全な関係であるといえる。

　そこで本節では，学習者が誤った場合に与えるフィードバックの方法の一つとして誤りの可視化を紹介する。

5.2.2 誤りの可視化のモデル

　学習者は学習過程においてさまざまな誤りを経験する。特に，テストは学習者の誤りを発見する役割を担っており，対象となる学習者群が間違うであろう問題を必ず出題することが求められる。誤った学習者は，次は誤らないように自身の知識状態を修正する必要がある。

　学習とは，学習者の知識状態を修正する作業に他ならず，誤りが検知された場合は，いかにしてその修正を行うかが重要である。その修正過程においては，学習者が自己の誤りを認識していることが不可欠であり，その上で正しい概念と自己の既有の知識状態を結びつける必要がある（Bransford et al. 2000）。この際，通常よく用いられる教授法は「正誤のみを伝える」「正解を与える」といったものである。これは教授者側からすれば容易に実現できるフィードバックであるが，正誤のみを与えた場合，学習者は自身の知識をどのように修正してよいかわからず，反対に正解を与えた場合は，自身の誤りを深く振り返ることなく正解を受け入れる危険性がある。段階的にヒントを提示することは有効な教授法であるが，個々の学習者に対して個別のフィードバックを与える必要があるため，教師と学習者の関係が一対多である教育現場で実現することは容易ではない。そこで，計算機が学習者の解答を個別診断し，個別フィードバックを与えることを目指す研究は数多く存在し，このようなアプローチは有効である。しかしながら，これらの段階的なヒント機能であっても，根底に存在するものは正解であり，その正解へと誘導するためのヒントを提示している。このような正解ありきの誘導は，学習者自身の解答を否定していることとなる。学習者の解答を否定した上でのフィードバックは否定的フィードバックと呼ばれており，最初の段階で学習者は自身の解答を否定されるために，自らの誤りを振り返りづらい。そこで，平嶋ら（2004）は学習者自身による「誤りの気づき」が重要であるとし，学習者の解答を肯定したフィードバック（「肯定的フィードバック」）を行うために誤りの可視化の重要性を主張している。

　誤りの可視化のモデルを図5-2-1に示す。誤りの可視化とは，学習者が誤った場合に，「それは誤りである」とは指摘せず，「学習者の解答が正しいとしたらどういうことになるか」を目に見える形で表示することで，学習者自身

第5章　教育現場でのeテスティング技術の利用・応用

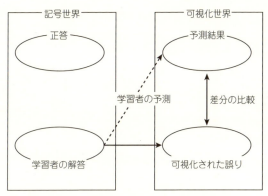

図5-2-1　誤りの可視化による学習の枠組み

に誤りに気づかせるための手法である。この際に大切なことは学習者の解答そのものに対して正誤あるいはヒントを提示するのではなく，学習者の解答を別の形に写像することである。学習者は解が正しいとすればどのように可視化されるかを予測し，その予測と実際に可視化された内容を比較し，自らの解答を振り返る。この内省（リフレクション）により，自発的に誤りを修正することとなる。

　概念変化の観点からみても誤りの可視化は重要である。自分の理解が不十分であると感じたとき，理解活動は生じやすい（Hatano & Inagaki 1987）。概念変化が生じるためには，自身の理解状態や理解の程度を評価することが不可欠であるとされている。テストを行うことは学習者を評価することにつながるが，ここで大切なことは学習者が「自身の理解状態を評価する」ことであり，自身の認知について認知（メタ認知）する必要がある。メタ認知を行うためには，自らの認知を内省（リフレクション）することが重要である。学習者は，自身の既有知識に反する事象や情報に出会ったとき「驚き」が発生し，これにより自らの理解状態をリフレクションし，認知的葛藤を生じることとなる。この認知的葛藤が概念の変化を引き起こすものであり，誤りの可視化とは学習者の予測に反する事象や情報を与えることで差分を可視化するものである。

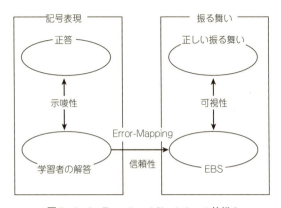

図 5-2-2　Error-based Simulation の枠組み
出典：平嶋ほか（2004）より一部改変。

5.2.3　Error-based Simulation（EBS）による誤りの可視化

　Error-based Simulation（EBS）は，学習者の誤答に基づいた振る舞いをシミュレートすることで誤りの可視化を実現する手法である。図5-2-2にEBSの枠組みを示す。EBSは学習者の誤答は学習者の誤概念に基づいて生成されていると考え，その誤答が正しいとすればどのような振る舞いが生起されるかをシミュレートする。平嶋らの提案したEBSの枠組みでは，対象系をモデルとして記述する学習者の解答（方程式など）を実際に対象系の振る舞いとして写像する。そのため，対象系の正常な振る舞いを理解しているが，その振る舞いを適切な科学的概念で説明できない場合に，大きな効果を発揮する。
　平嶋ら（2004）はEBSに関する枠組みの中で学習者が誤りであると認識し，修正するためには示唆性・信頼性・可視性の3つの要素が重要であることを指摘している。可視性とは，正しいと予測される振る舞いと生成された誤りの振る舞いの差である。可視性が高い場合，学習者は誤りに気づきやすくなる。信頼性とは可視化する形に写像する際の距離である。この距離が小さいほど，学習者は可視化された内容が自らの誤答を反映したものであることに気づきやすい。示唆性とはEBSと正しい振る舞いの間の差が，学習者の解答と正答の間の差をどの程度適切に示唆しているかである。系の範囲内で学習者の誤りを強調して可視化することで可視性を高めることができ，自らの解答が誤りである

第5章　教育現場でのeテスティング技術の利用・応用

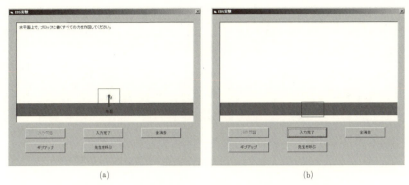

図5-2-3　力学の作図を対象としたEBSのシステム画面
出典：今井ほか（2008）より一部改変。

ことに気づきやすくさせることができるが，可視化された内容が自らの解答を反映しているものではないと感じやすくなり，信頼性が落ちる。このため，誤りの可視化を行う際は，どのように可視化すればよいかを十分に検討する必要がある。

力の作図を対象としたEBSの例を図5-2-3に示す。地面の上に物体が静止しているときにその物体に働く力を記入せよという問題である。この問題における正解はいうまでもなく，物体には重力がかかっており，その力と同等の力が垂直抗力として地面から押し返されているということになる。しかし，学習途上の学習者は「無機物は力を発しない，押し返さない」などの誤概念により，垂直抗力を理解できない場合がある（図5-2-3(a)）。このような学習者を納得させるような説明を行うことは困難であるとされている。しかし，EBSは重力しか記述していない学習者に対して，その解答通りの振る舞いをシミュレートする。つまり，EBSは「地面の中を自由落下する物体」を可視化する（図5-2-3(b)）。これにより，学習者は自らの既知の振る舞いと，システムにより生起された自らの解答に沿った振る舞いを比較し，自らの解答が誤っていることに気づく。

次に，ニュートンの法則を対象とした力の作図に関するEBSを用いた学習の効用について説明する。Horiguchi et al.（2014）は，中学1年生84名に対し，EBSを用いた授業を実践している。また，その実践の一部でEBSと通常授業

表5-2-1　EBS利用授業と通常授業の平均点の比較

	学習課題（14点満点）			複雑課題（19）		転移課題（30）	
	事前	事後	遅延	事後	遅延	事後	遅延
通常授業（30名）	3.6	12.7	8.6	16.7	10.6	17.3	11.5
EBS授業（54名）	2.9	13.8	12.3	18.4	16.4	22.4	18.1

出典：Horiguchi et al.（2014）より一部改変。

の効果の差を調査するために，54名についてはEBSのみを用いた授業，30名については通常の授業を行った上で（ともに45分），テストにより学力を調査している（通常授業のみを行ったクラスものちにEBSを用いた授業は実施している）。授業は現職の中学校教諭が行っており，EBSを用いた授業では教諭は解き方については教授せず，学習者はシステムを利用することで学習を行った。通常授業では，EBSで扱った課題と同じ課題について考え方や解き方を教諭が説明した。テストは授業前（事前テスト），授業後（事後テスト），授業3か月後（遅延テスト）の3回のタイミングで実施している。また，事前テストでは授業で扱った課題である学習課題を出題し，事後・遅延テストでは，学習課題に加え，学習課題と同じ部品で構成されているがその数が増加した複雑課題，さらに異なる部品が追加され，抽象的に力と動きの関係を理解していなければ解決できない転移課題の3種類を出題した。結果を表5-2-1に示す。

　表5-2-1より，EBSを利用した授業を受けた学習者は，通常の授業を受けた学習者に比べ，遅延テストにおいて特に良い成績を収めていることがわかる。さらに，より抽象的に力と動きの関係を理解していなければ解けない転移課題においての差が顕著である。これらのことから，誤りの可視化を用いることで記憶に定着しやすく，より抽象的に力と動きの関係の理解が促されたことがわかる。さらに，遅延テスト後に，9問の問題についてどのように解決したかについて聞き取り調査を行ったところ，通常授業を受けた学習者らは平均4.6問の問題について力のつりあいに言及したが，力と動きの関係については1問も言及しなかった。一方，EBSを利用した授業を受けた学習者は平均1.3問について力のつりあいのみに言及したが，平均4.8問について力と動きの関係性について言及したという結果がでている。このことからも力と動きの

関係についての理解が促進されたことがわかる。

5.2.4 英作文における誤りの可視化

　英作文を対象とした誤りの可視化についての研究も存在する（國近ほか 2008）。初学者が英作文を構築した場合，構築した英作文が本来学習者の表現したかった意図を表せていないときがある。國近らは，この際に発生する意図と作文の相違をアニメーションにより直接可視化あるいは強調表示することで，学習者に認知的葛藤を抱かせ，リフレクションを誘発することを目的としたシステムを開発している。英作文のうちオブジェクトが存在し，そのオブジェクトの移動・出現・消滅・属性の変化を表現したものを対象とした。

　システムでは，最初にアニメーションが学習者に提示される。学習者は，そのアニメーションの内容を英語で表現し，システムに入力することを求められる。学習者が英作文を入力すると，システムはその内容に沿ったアニメーションを生成し，学習者にフィードバックする。学習者は元のアニメーションと，システムにより生成された自己の作文に基づいたアニメーションを比較することで，誤りを修正する。誤りの種類は「情報不足」「情報過多」「情報置換」を扱っている。本書ではこのうち情報不足と情報置換について説明する。情報不足とは，元のアニメーションに含まれている情報が学習者の作文に記述されてない誤りである。たとえば，"The monkey throws the persimmon toward the crab" を意味するアニメーションにおいて，学習者が "The monkey throws the persimmon" と入力した場合，方向に関する情報が不足していることとなる。この情報の不足は，元のアニメーションとは異なる方向に柿を投げるサルを描画することで可視化する。情報置換とは元のアニメーションとは異なるオブジェクトが用いられている場合などである。たとえば，すでに登場している犬が走るアニメーションを表示したときに，学習者が "A dog runs" という作文を構築した場合，新しい犬を登場させて走らせるアニメーションを生成する。図5-2-4は木に対する情報が不足している作文を構築した際の誤りの可視化例である。

　大学生および大学院生計18名に，システムを用いて生成したアニメーション

第Ⅱ部　eテスティング

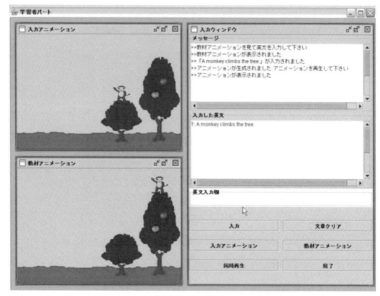

図5-2-4　英作文における誤りの可視化例
出典：http://www.kyutech.ac.jp/professors/iizuka/i7/i7-2/entry-653.html

を提示したところ，66個の可視化された誤りのうち64個（97%）に気づくことができたという結果が得られており，システムにより誤りへの気づきが促進されたことがわかった。

5.2.5　コンセプトマップを用いた学習における誤りの可視化

　誤りの可視化の研究事例の多くは，領域や記述形式に固有の設計がされているものであった。本項ではより汎用的な記述形式であるコンセプトマップを用いた誤りの可視化について紹介する。

　コンセプトマップとは，概念をノードとし，概念間の関係をリンクで結んだグラフである。図5-2-5は，中学校理科における植物領域の学習内容の一部をコンセプトマップで表現した例である。学習者にある領域におけるモデルを構築させることは学習者の理解を促進するとされており（Forbus 2002），コンセプトマップを構築させることは学習者に自身の理解状態をリフレクションさ

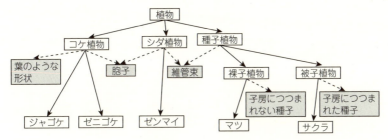

図5-2-5　植物領域におけるコンセプトマップの例
出典：東本ら（2013）より一部改変。

せることにつながるが，Novak et al. (1984) はその著書の中で，コンセプトマップは構築するだけでなく修正活動こそが重要であると主張している。しかし，前述したように教師と学習者の関係が一対多の教育現場では個別に修正を指導することは難しく，特にコンセプトマップは多種多様な解答になり得るためより一層指導が難しくなる。さらに，自己の理解状態を外化したものであるコンセプトマップは学習者の認知そのものであり，これを修正するためには強い動機づけが必要である。そこで，誤りの可視化を用いた手法が有効であると考えられる。

東本ら（2013）や新井ら（2015）は，リンクの種類を上位下位の関係を表す Is-a リンクと，ある概念がもつ属性を記述する Attribute-of リンクの二種類に制限した上でのコンセプトマップ構築を対象とした個別診断・誤りの可視化システムを開発した。学習者には図5-2-6(a)に示すようにコンセプトマップの部品が与えられ，これを適切に構築していく。この例において，正しく構築されるコンセプトマップの例は図5-2-5となる。学習者の構築したコンセプトマップが間違っていた場合，東本らは植物の生長過程のアニメーションにより誤りとして可視化している（新井らはプログラミングのオブジェクト指向における誤りとして可視化している）。図5-2-6(b)はマツについての情報に誤りがあり，コケ植物のように可視化されている例である。

システムの利用により，Is-a リンクと Attribute-of 属性で表現できる階層構造についての理解が促進されるかについて，実際に中学1年生29名，2年生

第Ⅱ部　eテスティング

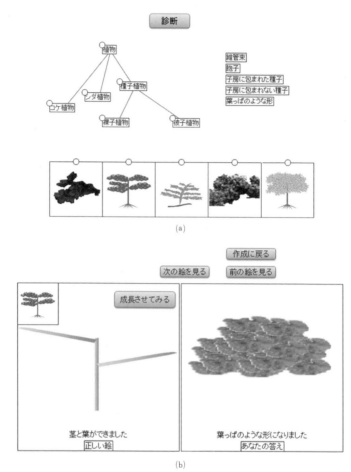

図5-2-6　コンセプトマップを対象とした誤りの可視化例
出典：東本ほか（2013）より一部改変。

31名が利用した結果がある。45分のシステムの利用の前後で植物領域（システムで扱ったものと同課題）と動物領域における階層構造構築課題（各最高10点）を出題したところ，次の結果が得られた。システムを用いた前後について，植物領域では1年生は4.9点から7.2点に点数が上昇，2年生は2.4点から7.2点に成績が上昇した。また動物領域では1年生は4.8点から6.0点，2年生は

1.6点から7.5点に点数が上昇した。以上より，階層構造構築を対象としたコンセプトマップの構築学習においても，誤りの可視化を用いたシステムにより成績が向上したことが示唆されている。

　さらに，詳細に被験者のデータを分析したところ，各領域において知識を有する学習者であれば間違わないであろうデータが数点確認された。1点目は，知識が不足している学習者が適切な階層構造を構築できた点である。実践時にまだ1年生はまだ動物領域を学習していなかった。そのため，抽象的な概念である「ほ乳類」や「両生類」という言葉を知らない被験者が存在した。この被験者は，「ほ乳類」の下に「カエル」などのインスタンスを配置し，「両生類」の下に「猫」などのインスタンスを配置していたが，そのラベル名の取り違え以外はすべて正解していた。本来，階層構造においてはインスタンスがどのような属性をもち，それゆえにどのような階層を作るべきかを理解していることが重要であり，継承と弁別の概念を理解することが求められる。この観点からいえばラベル名に過ぎない「ほ乳類」と「両生類」を取り違えたが構造として間違っていない階層構造を構築できた学習者の存在は，システムが本質的な意味で支援を行えている可能性を示唆するものである。2点目は，動物領域における課題で実験実施者が犯してしまった誤りに起因するが，実施者の想定を超えた適切な解答を行えた学習者がいた点である。実施者は課題を作る際に「せきつい動物」の下位概念として「ほ乳類」「両生類」「鳥類」を用意した。また，属性の一つとして「肺呼吸」を用意した。「ほ乳類」と「両生類」，「鳥類」に「肺呼吸」という属性を接続することを前提として本課題を用意したが，実施者の意図に反し，「せきつい動物」に「肺呼吸」の概念を接続している学習者が存在した。動物領域における我々の知識を元にすれば，「魚類」などは「肺呼吸」という属性をもたないため，「せきつい動物」に「肺呼吸」を接続することは誤りである。しかし，今回の課題では「せきつい動物」の下位概念として「ほ乳類」「両生類」「鳥類」しか用意しておらず，これらの概念は「肺呼吸」という属性をすべて保有する。そのため，継承と弁別を正しく理解しており，前提知識に依存しなければむしろ「せきつい動物」に「肺呼吸」属性を接続することが適切である。これらの事例は観測された数こそ少ないため，確か

第Ⅱ部　eテスティング

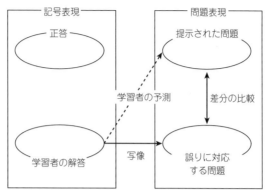

図5-2-7　学習者の解答を問題として写像することによる可視化の枠組み

な結果とは言えないが，誤りの可視化を通し，継承と弁別について試行錯誤を行ったことで，階層構造についての理解が促進された可能性が示唆されたといえる。

5.2.6　誤りからの問題の自動生成

　前項までは EBS の枠組みを受け，主に振る舞いを可視化する研究について紹介した。本項では，学習者の解答を振る舞いではなく，与えられた問題との差という形で提示する誤りの可視化について述べる。その枠組みは図5-2-7となる。通常，学習者には文などの形式で問題が提示される。学習者はその問題を解く過程で誤った時，通常は正誤や解説が与えられ，EBS では（主に現象の）振る舞いとして誤りが可視化される。一方，誤りに基づいた問題の生成では，学習者の誤答に基づいた問題を生成する。つまり，学習者が解いた問題は実はどのような問題であったかを可視化する。これにより，学習者は自らの解答とフィードバックとして与えられた問題，およびあらかじめ与えられた問題を比較することで自らの誤りに気づくことが期待される。

　このような枠組みは EBS の先行研究として計算問題を対象としてすでに実現されているもの（平嶋ほか 1990）であるが，ここでは金森ら（2014）のプログラム領域において学習者の誤りを問題として可視化する研究を紹介する。金森らの研究では，通常の授業のように課題として与えられた要求に基づいてプ

第5章 教育現場でのeテスティング技術の利用・応用

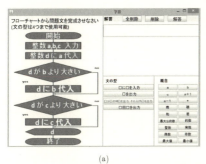
(a)

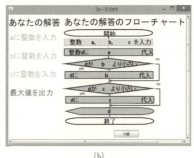
(b)

図5-2-8 プログラムを対象とした意味理解学習支援システム
出典：金森ほか（2014）。

ログラムを構築するのではなく，逆のプロセスとしてプログラムやフローチャートを与えた上で，その意味を考えさせる学習を提案し，これを「プログラムを読む学習」としている。金森らの開発したシステムでは，フローチャートを問題として学習者に提示し，そのフローチャートがどういう要求に基づいて生成されたかを学習者にテンプレートを用いて記入させる（これを意味理解学習と呼称）。その際，もし学習者の記入した要求が誤っている場合，学習者の記入した要求はどのようなフローチャートを意味するかを可視化する。これにより，学習者は自らの誤りに応じた肯定的フィードバックを受けることができる。金森らの開発したシステムにおけるインタフェイスを図5-2-8(a)，誤りの可視化インタフェイスを図5-2-8(b)に示す。

プログラミングの講義を受講した大学生24名を，本システムを利用する実験群12名，紙媒体で同じ問題を学習する統制群12名にわけた評価実験が行われている。統制群は実験群と同じ問題を与えられており，さらに正解例を与えられているため，どのように解答するべきかについての学習は行える状況である。1時間の学習を3回行わせた前後でフローチャートから要求を考えさせる課題を10題出題した結果，次の結果を得ている。実験群は事前テストの平均点が20.75点であったが，事後テストでは29.17点と向上している。一方，統制群は平均点が21.42点から25.25点への向上にとどまっている。統計的な検定によっても2つの群の差は有意であることが示されており，実験群の方が成績の伸び

が良いことが示されている。統制群，実験群は同様の課題が与えられており，差は統制群が正解を提示されたのに対し，実験群は正解を提示されずに誤りの可視化によるフィードバックが与えられた点である。本結果から，誤りの可視化による学習は現象の写像だけでなく，「自分が今答えた解答ではどのような問題を解いたことを意味するか」といった問題領域に写像する方法であっても効果が得られたことがわかった。

5.2.7　eテスティングにおける誤りの可視化

　本節にて紹介してきたさまざまな誤りの可視化は，主に学習の局面で用いられてきたものである。しかし，冒頭にも述べてきたように，誤りの可視化という手法はテスト時にフィードバックとして与えることで，さらなる効用が期待できるものである。

　eテスティングという言葉を聞いたときには回答方式として選択肢を選択するものを想像する読者もいらっしゃるかもしれないが，近年では通常のテストと同じようにさまざまな入力形式を取り扱う動きが出てきている。たとえば，eテスティングにおける重要な課題の一つである認証の問題についても，自由記述形式を対象とした逐次認証の研究が行われている。吉村ら（2015）は，自由記述形式では回答として入力される文字をあらかじめ登録することは困難であることを問題視し，文字を字画に分割し，字画ごとの特徴を用いて認証を行う方法を提案している。さらに，診断の領域においても，短答形式や小論文を解析し，自動採点を行う研究も進められている。センター試験もマークシート形式から記述形式へという流れもあり（文部科学省中央教育審議会，2014年12月22日），今後より多くの形式のテストを扱える必要があるであろう。

　「真正な評価」（Wiggins 1998）では，従来のような「評価のための評価」ではなく，解決するのに判断と工夫を必要とすることが求められる。そのため，今後は多種多様な出題形式と評価方法がeテスティングで扱う対象となる。特に，学習者の理解状態を，テストを通じて即座に収集し，解析できることはeテスティングならではの利点である。誤りの可視化は，この解析結果を有効に学習者にフィードバックするための方法の一つとなり得る。著者は，評価した

ものをのちの学習につなげるための効果的なフィードバックとして，本節で紹介してきた誤りの可視化についての研究は参考になると考える．

参考文献

新井達也・東本崇仁・赤倉貴子（2015）「階層構造の理解を指向した継承の誤り可視化システムの開発」『電子情報通信学会論文誌』J98-D(1)：178-181.

Bransford, J. D., Brown, A. L. and Cocking, R. R. (eds.) (2000) *How People Learn: Brain, Mind, Experience, and School* (Expanded Edition), National Academy Press.

Forbus, K. D. (2002) "Helping Children Become Qualitative Modelers," *Journal of Japanese Society for Artificial Intelligence*, 17(4): 471-479.

Hatano, G. and Inagaki, K. (1987) "A theory of motivation for comprehension and its application to mathematics instruction," T. A. Romberg and D. M. Stewart (Eds.). *The monitoring of school mathematics: Background papers. Vol. 2: Implications from psychology; Outcomes of instruction*, 27-46. Madison, WI: Wisconsin Center for Education Research.

平嶋宗・中村祐一・上原邦昭，豊田順一（1990）「認知的考察に基づく知的 CAI のための学生モデルの生成法──プロセス駆動型モデル推論法」『電子情報通信学会論文誌D』J73-D2(3)：408-417.

平嶋宗・堀口知也（2004）「『誤りからの学習』を指向した誤り可視化の試み」『教育システム情報学会誌』21(3)：178-186.

Horiguchi, T., Imai, I., Toumoto, T., and Hirashima, T. (2014) "Error-Based Simulation for Error-Awareness in Learning Mechanics: An Evaluation," *Educational Technology & Society*, 17(3): 1-13.

今井功・東本崇仁・堀口知也・平嶋宗（2008）「中学理科における Error-based Simulation を用いた授業実践──『ニュートンに挑戦』プロジェクト」『教育システム情報学会誌』25(2)：194-203.

金森春樹・東本崇仁・米谷雄介・赤倉貴子（2014）「プログラミングプロセスにおける『プログラムを読む学習』の提案及び『意味理解』プロセスの学習支援システムの開発」『電子情報通信学会論文誌』J97-D(12)：1843-1846.

國近秀信・古賀崇年志・出山大誌・村上卓見・平嶋宗・竹内章（2008）「誤りの可視化による英作文学習支援」『電子情報通信学会論文誌』J91-D(2)：210-219.

Novak, J. D. and Gowin, D. B. (1984) *Learning How to Learn*, Cambridge University Press.

東本崇仁・今井功・堀口知也・平嶋宗（2013）「誤りの可視化による階層構造の理解を指向したコンセプトマップ構築学習の支援環境」『教育システム情報学会誌』30(1)：42-53.

吉村優・古田壮宏・東本崇仁・赤倉貴子（2015）「e-Testing の個人認証のための書写技能

を考慮した字画分割法における個人性評価」『電子情報通信学会論文誌』J98-D(1)：172-173.

Wiggins, G. (1998) *Educative Assessment : Designing Assessments to Inform and Improve Student Performance*, Jossey-Bass A Wiley Imprint.

5.3 これからの高等教育機関におけるeテスティング

赤倉貴子

5.3.1 人口減少社会と高等教育機関の役割

　我が国の急速な少子高齢化，人口減少社会への突入は，これまで私たちが持っていた価値観を大きく変化させつつある．たとえば，職業に関していえば，我が国における就業は，長く，終身雇用制と年功序列型賃金というシステムを軸として機能していた．人々は有名な学校を卒業し，有名な企業に就職するという「理想的なコースに乗る」ことによって，安定した人生を設計できると考えた．それは，人口構成がピラミッド型であったからである．つまり，ピラミッドの上方の高賃金ではあるけれども数的には少ない中高年労働者と，ピラミッドの下方に近い数的に多いけれども安価な労働力である若い世代，という人口構成である．これによって，企業は給与のバランスを保つことができ，中高年齢世代にも若い世代にも働く場と世代に応じた所得を保障することができた．しかしながら，冒頭に述べたように，この形態が急速に崩れてきた．少子高齢化は，ピラミッド型の人口構成を崩し，18歳人口も急激に減少している．そのため，定員割れの私立大学が激増し，数年後には，大学入学定員と大学進学希望者の数が同じに，さらに数年後には定員の方が多くなるといわれている．

　しかし，著者はこれをマイナスの側面からのみとらえるのは適切ではないと思っている．つまり，人口減少社会は，これまでのライフコースを変換させはするけれども，ライフコースのスケジューリングに自己の意思や選択が反映する程度は高まっているともいえる．若い世代では，自己や家庭を重視し，転職や離職も積極的に行う人が増えている．そのための資格の取得や自己啓発につとめる人が増えているのも近年の特徴であろう．大学の定員割れとは対照的に，大学のオープン講座，カルチャースクールの資格取得講座などは大いに繁盛していると聞く．人口減少という事実は事実として受け止め，その対策を考える必要はあるが，多様な人生設計ができ，自己実現のできる時代の到来，とプラ

ス思考を持つことが必要であろう。留学生や外国人労働者も増加し，多様な価値観が存在する社会に変化していくときであるのかもしれない。

　こうした時代に，高等教育機関は，18歳のみを受け入れるだけではなく，いったん社会に出た人に対して，能力開発するための支援を行う機関，すなわち社会人の再教育，生涯学習機関として機能することも重要ではなかろうか。その場合，大学の教育システムは見直す必要がある。近年，大学のFD活動が盛んに行われており，大学の教育活動のあり方について，検討が進められつつある。さらに，多種多様なニーズをもつ広い年齢層の社会人を受け入れるとすると，さまざまな環境構築が必要であろう。

　本書の前半で述べられた，いつでもどこでも学ぶことができるeラーニングは，社会人の学びのために，大いに期待されるものであるし，さまざまな機能を持つシステムが多数開発されている。こうしたeラーニングシステムと合わせて，自己の学習進捗を測ることのできるeテスティングシステムも，大いに活用されるべきであろう。単位修得テストをeテスティングで行うには，受講者のなりすましなどの不正に対して対策を考える必要があるが，その一つの研究が，本書4.1節で紹介したeテスティングシステムにおける受験者認証技術研究である。その方法論については，4.1節を参照されたい。

　本節では，大学が上述のように多種多様なニーズを持つ学習者に対して，学びやすい環境を作るために，eテスティングシステムは何ができるかについて紹介することにしたい。4.1節冒頭に述べたeテスティングの利点を再掲すると，

(1) テストをコンピュータを使って実施することにより，ペーパーテストでは収集できない情報を大量に得ることができること。

(2) 大規模な出題項目（テストの問題）データベースを含む，出題項目を管理するためのアイテムバンクを構築できることから，受験者の能力を測定するために最適な項目を出題できる適応型テストの構成が容易であること。

であるが，(2)については，4.2節，4.3節および成書（植野・永岡2009など）に譲ることとし，本節では，(1)に焦点をあてた研究として，図5-3-1（図4-

第5章　教育現場でのeテスティング技術の利用・応用

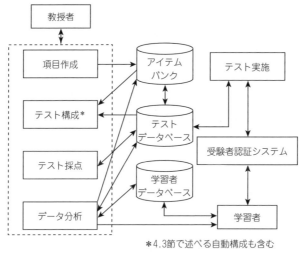

図5-3-1　eテスティングシステム（図4-1-1再掲）

1-1再掲）中の「学習者」「学習者データベース」「テスト実施」を中心とした研究を紹介しようと思う。

5.3.2　eテスティング導入の効果

著者は，これまで約25年間にわたって，高等教育の通常講義において，単位認定のためのテスト（期末試験など）をコンピュータを利用して実施してきた。利用当初の主たる目的は，解答履歴・解答所要時間等，ペーパーテストでは収集できない学習者データを収集することであった。5.3.1項で述べたeテスティングの利点(1)そのものである。また，こうしたデータを学習者にフィードバックすることは，学習者自身が自己の理解度を把握するために，有意義であることも明らかになった（Akakura and Nagaoka 1993 : 1199-1203 など）。また，従来であればペーパーにプラスして受験者人数分だけの実体模型が必要であったような製図教育の試験などもeテスティングで行うようになった（赤倉・永岡 1999 : 15-27）。利用当初は，4.1節でも述べたように，問題が記録されたフロッピーディスクを配布し，テスト終了後に回収するという方法をとっていたが，教室内のネットワークが整備されてからは，ファイルをネットワーク上で

配信，回収するシステムとしている。ただ記録媒体が異なるだけで，単位認定テストでは，システム運用方法自体は変えていない。コンピュータのある場所に学習者を集め，監視のある場所で実施している。これを空間的時間的自由に受験できるシステムを目指して受験者認証システムを研究していることは，4.1節に述べたとおりである。

現在著者は単位認定テストのeテスティング化は，小規模な講義でのみ行っており，むしろ自己学習支援のためのeテスティングシステムの開発に力を入れている。(1)対面の講義，(2)対面の講義＋eラーニングシステム，(3)eラーニングシステムの3つの形態のどれかで学習した上でeテスティングシステムを使って演習問題としてのテストを受験する，という形態である。そのため，図5-3-1の学習者データベースは，通常のアイテムバンクが持つ学習者のテスト項目に対するデータ（正誤，解答所要時間，項目反応理論におけるパラメータなどの統計情報）ではなく，学習者が過去にどの程度学習し，テスト受験時には，自分ではどの程度理解できていると感じたか，学習内容への興味・関心，満足度などをテスト受験のたびに，簡単なアンケート形式で入力させており，それをデータベースとしてアイテムバンクのデータとリンクさせている。そして，そこでは，テストを受験した後，その結果から次に何を学習すべきかの気づきを与えることを重視している。つまり形成的評価としての利用である。

前書（赤倉 2012：69-91）の再掲になるが，著者がeテスティングを実施してきた目的を図5-3-2に示す。

---

(1) 教師が学習者の理解度を高められるような講義をするために，教師へ学習者の理解度を「得点」という観点だけでなく，さまざまな角度からフィードバックするため。
(2) 学習者自身が自分の理解度をより深く把握できるようにするために，得点以外の情報を学習者にフィードバックするため。
(3) ペーパーテストでは実施しにくい科目でも実物（模型）や実技を伴わないでテストを実施するため。

図5-3-2　著者のeテスティング実施の目的（赤倉 2012）

5.3.3 学習者データベースに蓄積されるデータ

① 感　　情

　学習者データベースは，さまざまなデータを有しているが，その例を紹介する。たとえば，学習しているときの「感情」のデータは，図5-3-3のようなインタフェースで収集されている（西久保・赤倉 2006：275-278）。

　学習者はeラーニングシステムでの学習中，eテスティングシステムでテストを受験中（ここでのテストは学習チェックテストであり，総括的評価のテストを意味しない），いつでも「感情」を入力できる。通常は，管理者が設定した時間に強制的に入力するようにしてあるが，随意入力も可能で，また入力したくなければ，入力しなくても先に進むことができる。図5-3-3は，「わかる」「わからない」となっているが，「疲れた」「おもしろい」など，いろいろな「感情」が準備されている。

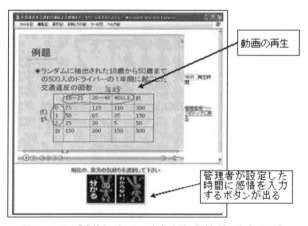

図5-3-3　「感情」データの収集方法（西久保・赤倉 2006）

　学習者のテスト得点，解答所要時間などは，他のeテスティングシステム同様，アイテムバンクにも反映されるのはもちろんであるが，ここでのシステムでは，さらにテスト得点，項目の正誤，項目ごとの解答所要時間などが，「感情」のデータと結びつけられて，学習者データベースに格納される。そして，教師は，「わからない」「つまらない」などのテスト項目がどのようなもので

第Ⅱ部　eテスティング

あったのかをデータ分析し，学習者のつまずきを把握し，形成的評価として，以後の指導に役立てることができるし，この結果を学習者にフィードバックすることにより，学習者はつまずいた箇所を特定して後の学習に役立てることができる。

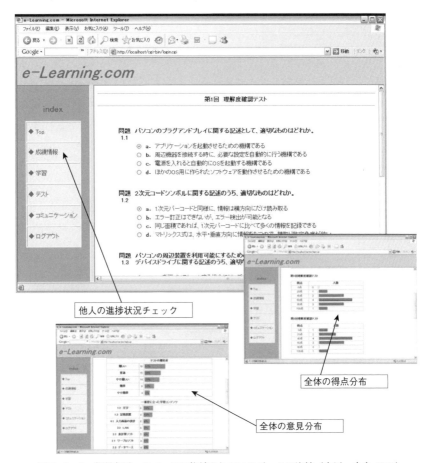

図5-3-4　学習者データベースに格納されているデータの比較（中川・赤倉 2005）

② 各学習者の比較

　学習者データベースに格納されているデータは，比較して学習者にフィード

第5章　教育現場でのeテスティング技術の利用・応用

バックすることができる（中川・赤倉 2005：867-868）。例を図5-3-4に示す。

　図5-3-4の上部に示したのは，確認テスト画面であるが，他の人がどの程度の得点を取っているか（図右下），他者がテストに対してどのように感じているか（図左下の「全体の意見分布（テストの難易度）」；この画面では「難しい」と感じている人が最も多く，次が「普通」であることがわかる）などを見ることができる。教師は，学習者がこうしたデータをどのくらい参照したかを把握することによって，学習者の自己の理解度をどのように気にしているかを知ることができ，①で述べた感情とともに，以後の指導に役立てることができる。

③　相互評価への応用

　eテスティングシステムにおける学習者データベースは，学習者が協調学習，グループ学習などを行った後に，テストを実施する際にも役立てられる。授業中に相互評価を行う場合，そこでの評価はリアルタイムで学習者にフィードバックされるが，その記録データとその学習のテストの結果が関連づけられ，学習者データベースに格納される（後関ほか 2008：903-904など）。相互評価インタフェースを図5-3-5に示す。

図5-3-5　相互評価インタフェース（後関ほか 2008）

179

学習者相互の評価やグループ学習にどの程度積極的に関わったか，またその評価には一貫性があるか，本人自身はどのような評価を受けたかなどのデータとともに，そこで行われた学習のテスト結果が学習者データベースに格納されるので，教師はテストでの誤答が何に起因するのかを検討することができる。また，学習者は，相互評価結果をリアルタイムで知ることができ，その後のテスト結果が，学習時のどこに問題があったからかについてのフィードバックを受けることができる。

④ さまざまな科目での活用

高等教育現場のさまざまな科目でeラーニングシステムに伴うeテスティングシステムを開発してきた。たとえば，知的財産法教育用として，ARCSモデル（ケラー 2010）に基づいて，原理を具体的に解説したり，身近な具体例を用いたり，演習を行って理解状況を確認したりできるシステムを開発したが（赤倉・東本 2014：65-68），ARCSの「S」，Satisfactonを強化したシステムが有用であると考えられた。これは，eテスティング部分に相当する（図5-3-6）。

また，平嶋ら（1995）が物理学における問題解決過程を
(1) 問題文から表層構造を生成する過程
(2) 表層構造から定式化構造を生成する定式化過程
(3) 定式化構造から数量関係を用いて解を含んだ目標構造を生成する解導出過程（制約構造と解法構造）

の3つの段階に分けてモデル化していることに照らし，知的財産法学習でもこの3つの段階でモデル化できるが，(3)の解導出過程では，数量関係を数式で表すことができる物理学と異なり，法令文は論理式で表せることを利用した問題演習システムを開発した（赤倉ほか 2015）。解導出過程中の解法構造の一例を図5-3-7，5-3-8に示す。

図5-3-8は，以下に示す論理式(1)(2)を図示したものである。

第5章 教育現場でのeテスティング技術の利用・応用

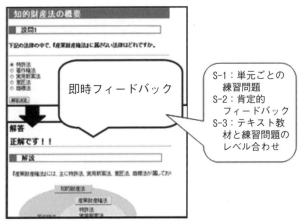

図5-3-6 ARCSモデルに基づく知的財産法学習システムのeテスティング部分
（赤倉・東本 2014）

$$\text{Req 1} \land \text{Req 2} \land \text{Req 3} \land \text{Req 4} \Rightarrow 発明（I） \qquad (1)$$
$$I \land (\text{Req 5} \land \text{Req 6} \land \text{Req 7} \land \text{Req 8}) \Rightarrow 特許発明（P） \qquad (2)$$

※属性 Req 9, Req 10 は省略

発明の要件　　　　　　　特許の要件
　(Req 1)：自然法則を利用　　(Req 5)：新規性
　(Req 2)：技術的思想　　　　(Req 6)：進歩性
　(Req 3)：創作　　　　　　　(Req 7)：産業上利用可能
　(Req 4)：高度　　　　　　　(Req 8)：公序良俗
　　　　　　　　　　　　　　((Req 9)：最先出願)
　　　　　　　　　　　　　　((Req 10)：明細書記載)

　この解法構造をもつ問題演習システムを図5-3-9に示す。
　演習システムでは学習者自身の問題解決過程の誤り箇所や内容を特定するために，最終的解答だけでなく，解法を入力させる。学習者が解法構造を構築する際，「関係性」を成立させるための「属性」が不足していたり，過剰であったりする誤りが想定される。これらの誤りに対して，どこで誤ったかを段階的に知らせることにより，学習者自身に誤りを考えさせながら修正を促す。1段階目（1回目の誤り）は属性が不足（過剰）であること，2段階目は過不足数を，

第Ⅱ部　eテスティング

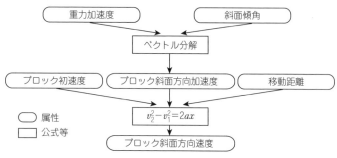

図5-3-7　物理学における解法構造の例（平嶋ほか 1995）

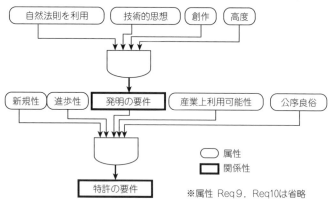

図5-3-8　知的財産法における解法構造の例（赤倉ほか 2015）

3段階目は過不足である属性名を学習者にフィードバックとして与える。図5-3-10に2段階目のフィードバック例を示す（破線枠がフィードバック部分）。なお「属性」「関係性」は学習者になじみが薄いと思われたため，システムではそれぞれ「キーワード」「用語」とした。この問題では，キーワード（属性）はすべてを選択，用語（関係性）は「発明の要件」を選択，最後に「発明に該当する」を選択して正答となる。

　学習者は，このシステムを利用して演習を行うことにより，自分がなぜ間違っているのかを段階的に把握することができる。

第5章　教育現場でのeテスティング技術の利用・応用

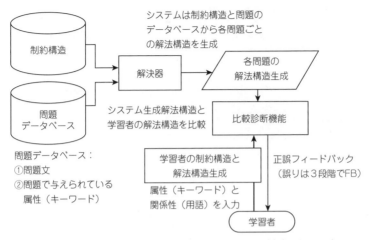

図5-3-9　知的財産法における問題演習システム（赤倉ほか 2015）

図5-3-10　演習システムにおける誤りのフィードバック例（赤倉ほか 2015）

⑤ テスト受験時の参照データ

　著者は高等教育だけでなく，若手技術者の教育に十分時間をかけることのできない中小企業での企業内教育のためにもeラーニングシステムを伴うeテスティングシステムを開発・運用している（白沢・赤倉 2006：559-566；下山ほか

第Ⅱ部　eテスティング

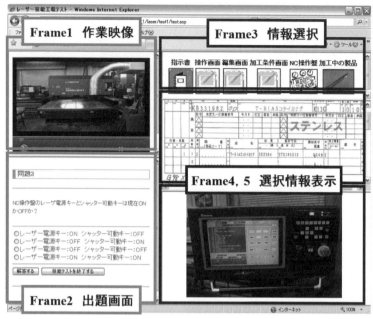

図5-3-11　企業内教育用eラーニングシステムでのテスト機能（下山ほか 2008）

2008：41-44など）。

　ここでは一例として，企業において技能を定量的に測定するテスト機能を持つeラーニングシステムを紹介する（下山ほか 2008：41-44）。図5-3-11に示すように，インタフェースはフレームに分かれており，Frame 2（左下）にテスト画面があり，このテスト結果は，Frame 1，Frame 3，Frame 4，Frame 5で表示されている内容とともにデータベースに格納される。

　システムは，テストの解答履歴，解答所要時間，解答時に参照する各情報の選択回数を取得し，データベースに保存する。そのため，指導者（熟練技術者）は，時間を効率よく使って若手技術者に対する教育を行うことできる。また，本システムは技能を定量的に測定することを目的としており，(i)技能マップを利用した到達度評価，(ii)難易度と正誤を利用した評価，(iii)解答までの所要時間を利用した評価を行うことができるが，ここでは(i)を紹介する。

　認知マップ（竹谷・佐々木 1997：336-347）では，学習過程全体から見た要素

第 5 章　教育現場での e テスティング技術の利用・応用

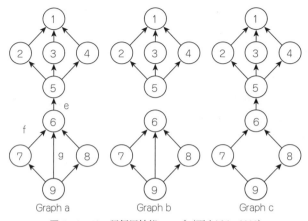

図 5 - 3 - 12　評価用技能マップ（下山ほか 2008）

の順序関係や因果関係を考慮することで学習者の理解度評価を行っていた。著者らはこの手法を応用した。図 5 - 3 - 12 の Graph a を基準となる技能マップ，すなわちすべての技能を修得した人の技能マップとする。ここでは技能テストの正誤によって有向枝の有無を決定する有向枝の両端の要素がどちらも正答の場合，有向枝を存在させることとした。たとえば Graph b は要素 5 と 6 のどちらかまたは両方に対して誤答をした学習者 b の技能マップである。同様に Graph c は要素 6 と 9 のどちらかまたは両方に対して誤答をした学習者 c の技能マップである。

　本来ならば，他の有向枝も欠落するはずであるが，ここでは説明の都合上，有向枝 e, g のみ欠落した状況を想定している。Graph a を基準とした時の各学習者の到達度は (3)(4) 式（竹谷・佐々木 1997：336-347）を利用して求める。

$$S(G,G') \equiv \frac{\sum_{i=1}^{n}\sum_{j=1}^{n} N[C(v_i, v_j; G) \cap C(v_i, v_j; G')]}{\sum_{i=1}^{n}\sum_{j=1}^{n} N[C(v_i, v_j; G) \cup C(v_i, v_j; G')]} \tag{3}$$

$$R(G,G') \equiv 100 \times \sqrt{S(G,G')} \tag{4}$$

$S(G,G')$：類似度　　$R(G,G')$：到達度　　$N[\ ]$：個数

$C(v_k, v_l) \equiv \{(v_i, v_j) | v_k, v_l\ は\ 《v_i, v_j》\ の経由枝\}$

$《v_i, v_j》$：v_i から v_j へ連結している

Graph b と Graph c はそれぞれ 1 つの有向枝が欠落しているが，e と g の重要度が異なるため到達度が異なる。有向枝の重要度は自身の関与する任意の 2 要素間の連結数によって決まる。e は (6, 5)，(6, 4)，(6, 3)，(6, 2)，(6, 1)，(7, 5)，(7, 4)，……の計20個の 2 要素間の連結に関与している。g も同様に考えると計 6 個の 2 要素間の連結に関与している。(3) 式は，Graph a からある有向枝を欠落させたときに残る，任意の 2 要素間の連結数の割合を示しており，(4) 式は (3) 式の平方根をとり100倍したものである。(4) 式の計算結果より，Graph a を基準としたとき，重要度の高い有向枝 e が欠けている Graph b の方が Graph c よりも到達度が低くなることがわかる（表 5 - 3 - 1）。こうした結果を熟練技能者，若手技能者にフィードバックすることで，より技能を高めていくことができる。

5.3.4　e テスティングの可能性

　項目反応理論を応用した適応型 e テスティングシステムは，すでに大規模に開発・運用されており（本書では 4.2 節，4.3 節を参照されたい），今後，大学入試センター試験に代わる試験にも適用されると思われる。しかし，本節で述べてきたように，e テスティングの可能性は，こうした大規模テストシステムの構成，実施にのみあるわけではない。学習者の理解度をきめ細かく把握し，それを学習者にフィードバックできるのは，e テスティングであるからこそ得られるデータ，すなわちペーパーテストでは得られないデータがあるからであり，こうした e テスティングの利点は，多様化する高等教育現場でますます役立てられるべきであろう。

表 5 - 3 - 1　Graph a を基準とした到達度

	Graph a	Graph b	Graph c
到達度	100	44	97

参考文献

赤倉貴子 (2012)「コンピュータ利用テストの実用」永岡慶三ほか（編）『教育工学における学習評価』：69-91, ミネルヴァ書房（教育工学選書第 1 期）所収（本稿では前書と称した）．

Akakura, T., Nagaoka, K. (1993) "A Discussion on the Feedback Strategies in

Computerized Testing," *IEICE Transactions*, E76A, 7 : 1199-1203.

赤倉貴子・永岡慶三（1999）「製図教育用ネットワークコンピュータテストシステムの開発とその評価」『メディア教育研究』2：15-27.

赤倉貴子・東本崇仁（2014）「工学部における知的財産法教育システムの開発」『日本教育工学会論文誌』38（Suppl.）：65-68.

赤倉貴子・江下貫志・東本崇仁（2015）「知的財産法学習のための問題解決過程モデルの提案とそれに基づくシステム試作」『電子情報通信学会技術研究報告』115(50)：21-26.

後関奈々・古田壮宏・赤倉貴子（2008）「グループ学習における ROM の防止を目的としたリアルタイム相互評価機能の提案とその評価」『日本教育工学会第24回全国大会講演論文集』：903-904.

平嶋宗・東正造・柏原昭博・豊田順一（1995）「補助問題の定式化」,『人工知能学会誌』10(3)：413-420.

ケラー（著），鈴木克明（監訳）（2010）『学習意欲をデザインする——ARCS モデルによるインストラクショナルデザイン』北大路書房.

中川香澄・赤倉貴子（2005）「他者の進捗状況を意識しながら学習できる e-Learning System の開発と評価」『日本教育工学会第21回全国大会講演論文集』：867-868.

西久保健太・赤倉貴子（2006）「学習者が感情を発信できる VOD 型 e-Learning System」『情報科学技術レターズ』5：275-278.

下山隆・白沢勉・赤倉貴子（2008）「技能を定量的に評価する機能を有する e-Learning System」『日本教育工学会論文誌』31（Suppl.）：41-44.

白沢勉・赤倉貴子（2006）「中小製造業における技能教育を支援する e-Learning System の開発とその評価」『日本教育工学会論文誌』29(4)：559-566.

竹谷誠・佐々木整（1997）「学習者描画の認知マップによる理解度評価法」『電子情報通信学会論文誌』J80-D-Ⅱ(1)：336-347.

植野真臣・永岡慶三（2009）『e テスティング』培風館.

第6章

eテスティングの現状と今後の課題

赤倉貴子

　本章では，第Ⅱ部で述べられてきたeテスティング研究を総括する。まず，eテスティングの必要性について述べた上で，各章各節で述べられたeテスティング研究の現状を概観しながら，今後の課題について述べる。

6.1　なぜ今eテスティングなのか

　植野は，従来のCBT（Computer Based Testing）が「計算量や現実性を無視した統計理論を基礎としており，最先端の理論は実用化されてこなかった」（植野 2012：92）のに対し，eテスティングという分野は「統計学＋心理学にコンピュータ・サイエンスの最新技術を加え，これまでできなかった問題を現実化しようというもの」（同：93）であると述べている。その上で，eテスティングの利点を14項目掲げている（同：93-94）。植野の許諾を得たので，14項目の概略を紹介すると（紙数の都合上，植野（2012）記載通りではなく，内容を要約した；元の記述は植野（2012）を参照されたい），（ⅰ）ペーパーテストでは実現できなかった内容の評価ができる，（ⅱ）テスト採点の自動化・半自動化ができる，（ⅲ）アイテムバンクからランダムに項目を抽出できるので出題バイアスを軽減できる，（ⅳ）テスト構成支援機能により信頼性・妥当性の高いテスト構成ができる，（ⅴ）自動テスト構成により，等質のテストを複数自動構成できる，（ⅵ）適応型テストのような動的テストを実現でき，テスト時間の短縮や測定精度の向上がはかれる，（ⅶ）テスト出題方略を持つことにより，目的に応じたテスト構成や適応型テストを実現できる，（ⅷ）回答所要時間や回答履歴を取得できることにより，質問項目評価の多様性をもたらす，（ⅸ）特別な入出

力装置の利用により障害を持つ受験者に対応できる，(x) 遠隔地で受験できる，(xi) 遠隔地から共同でアイテムバンクを構築し，テスト作成できる，(xii) テストの印刷，運搬コストが減少する，(xiii) 電子ファイル上のテストは管理が容易，(xiv) テストの配布，回答回収が自動的にできる，である。この14項目の多くは，能力測定精度の向上を目的としたテスト理論を背景としたテスト構成，テスト実施に含まれるものであり，「能力測定」を目的とした「テスト」という側面からeテスティングを見たときには，ICTが発展したまさに現在のeテスティングの利点ということができる。

第4章4.1節で述べたように，著者は，eテスティングの大きな利点は2つあると考えており，

(1) テストをコンピュータを使って実施することにより，ペーパーテストでは収集できない情報を大量に得ることができること。

(2) 大規模な出題項目（テストの問題）データベースを含む，出題項目を管理するためのアイテムバンクを構築できることから，受験者の能力を測定するために最適な項目を出題できる適応型テストの構成が容易であること。

であるが，これらの利点は次のような意義をもつ。

(1)の利点によってできること：学習者の理解度やつまずきをきめ細かく判断できること。テストの正誤データだけではなく，回答（解答）所要時間や（解答）回答履歴などは，CBT以来，eテスティングでは当然に収集されてきたデータであるが，現在注目を集めている。総務省が2014年度から始めた「先導的教育システム実証事業」で使われるクラウドサーバは学習者の学習を記録する機能をもち，教材へのアクセス回数，閲覧時間，解答所要時間などを分析できる。全国規模で収集される，いわゆる教育ビッグデータであり，その解析を通じて，学習者に適応した指導法を考えることができる。(2)の利点は，教授者と学習者の情報のやりとりである「教授学習過程」の考えに沿って，学習成果がどの程度であるのかを判断して，その後の指導に役立てるために行われるテスト（いわゆる形成的評価）としてeテスティングから得られるデータを役立てようとしたときの利点であるといえる。

(2)の利点によってできること：(2)には，植野（2012）が掲げている利点のほとんどすべてが含まれており，能力測定というテストの立場から見て，極めてすぐれた能力測定ができるテストが構成・実施できることに尽きる。しかし，この視点での議論については，植野（2012），植野・永岡（2009）に詳しいので，そちらに譲りたい。

(1)の利点にしろ，(2)の利点にしろ，ICT の発達により，膨大な学習者の学習記録を収集することができるようになった今，これまで数十年にわたって小規模に行われてきた CBT 以来のテストデータ解析の原理が今こそ活かされるときであるといえよう。

6.2 最先端の e テスティング研究の動向と今後の課題

6.2.1 受験者（個人）認証法（4.1節）

e テスティングの利点として，植野（2012）も「遠隔実施できること」を挙げているが（前述利点（x）），現時点では遠隔と言っても，点在する各場所にコンピュータが設置された部屋（試験会場，試験室）があり，各部屋には監督者が存在する試験が一般的である。監督者がいない自宅などの部屋から単位認定試験を受験可能な大学も存在はするが，受験している（いた）時間は監督者がカメラで監視している（後での映像チェックも含む）システムである。この場合，受験者一人一人に監督者が必要なことになり，コストが極めて大きいものとなる。自室から受験して受験者一人一人に監視者がつかなくても自動的に監視できるシステムが実現できれば，大幅なコスト削減につながり，e テスティングの可能性はますます拡がる。つまり，e テスティング実施時間のすべてを監視できる逐次個人認証法の実現である。

前書[1]や本書4.1節に述べたとおり，静的な情報として「筆跡」，つまり文字の形，動的な情報として，テストで文字を書くときのペンの「筆圧」「座標」「方位角」「仰角」などを得て，さまざまな個人認証法が開発されている。これらは受験者にあらかじめ文字を書いて登録してもらい，テスト受験時の文字と比較する方法で，本人かどうかを判定するものであった。しかし，その場合，

登録できる文字数には限界があるので,「あ,い,う,え,お」などを登録して,多肢選択式問題にしか対応できなかった。そこで,登録文字が少なくてもいろいろな文字に対応できるよう,文字をパーツとして登録して,同じ方向,同じ画のパーツを組み合わせて判定する分割手法も提案されている。これらは筆記認証法であるが,文字を書いていない時間は顔認証を組み合わせる手法についても検討されている。これらの研究は,いずれも実験室段階で最大でも認証率が90数%であり,実試験ではさらに精度が落ちると考えられることから,まだ実用化には至っていない。しかし,高等教育機関が社会人の再教育を行う機関としても利用されるであろうという今後の高等教育機関のあり方に照らせば,eラーニングはこれからもますます利用され,eテスティングの個人認証も必須のものとなるであろう。eテスティングの分野に限らず,個人認証技術は日進月歩で発展しているから,今後の研究に大いに期待できるところである。

6.2.2　適応型テスト(4.2節)

　eテスティングの利点は,初期のCBTが目的としていた受験者の正確な能力測定にとどまらず,さまざまな利点をもつことは前述の植野(2012)が掲げる利点14項目に述べたとおりである。しかし,さまざまな利点の中でも,テスト理論をベースとしたCBTの目的であった適応型テストは,現在のコンピュータの能力の発展により,さらに進化を遂げている。大規模に適応型テストを実施できることは,eテスティングの最大の利点の一つであろう。

　テスト理論を出発点としているCBTは,初期の段階では統計的理論的なモデルの提案に偏重していたため,実用化は困難である場合も多かった。たとえば,一定の時間で終了するテストを構成したい場合に,アイテムバンク内にあるテスト項目の属性である所要時間から,最適な組合せを探索することは,すべての組合せを調べれば可能であるから,理論的には最適解が求まる。しかしながら,実際のテスト場面では,その探索時間がかかりすぎ,実用的なものとはなり得なかった。そのため,実用場面では,最適解ではなく近傍解を求め,理論的モデルはあくまでも理論的モデルとして扱われてきた側面があった。

　しかしながら,現在のコンピュータの能力は,日々飛躍的に進化している。

現在，20年前のコンピュータとは比較にならない高性能なコンピュータが安価で手に入り，大規模アイテムバンクを構築することが可能になっている。受験者の能力を逐次的に推定することも，能力値に応じて情報量が最大の項目を出題することも，計算時間の大幅な短縮が実現している。コンピュータのさらなる進化により，近い将来逐次的に最適解を求め，テスト項目を出題することが可能になると思われる。資格試験，就職適性試験などでは，すでに大規模eテスティングが実用化されているが，近い将来大学入試センター試験などでも導入されると思われる。今後さまざまなテストがeテスティング化されると考えられ，理論的モデル研究，大規模eテスティングシステムの運用方法に関する研究は益々進むと思われる。

6.2.3　自動テスト構成（4.3節）

　テスト構成は，これまで教師自身がテスト実施時間（制限時間）を勘案の上，ここまでの達成度を測るためには，この程度の問題であれば平均点60点くらいになるだろうと経験的に行ってきたものである。コンピュータを使ったテストであっても，CBTと言われた時代は，アイテムバンク上の項目の属性を参照しながら，テスト構成は教師自身が行うことが多かった。しかし，コンピュータの能力が向上し，予想される回答（解答）所要時間が60分で平均点が60点となるような最も能力測定の信頼性（項目反応理論に基づくテスト情報量）の高いテスト項目の組合せを，大規模アイテムバンク内にあるテスト項目の属性から，自動的に探索・構成することが可能となった。アイテムバンクには，あらかじめ項目の属性，たとえば，平均正答率や所要時間，項目反応理論に基づく項目母数などを保存しておき，これらの情報を用いることで，項目の組合せの平均正答率や回答（解答）所要時間などが予測可能となる。この予測値が，教師が所望する性質に最も近くなる項目の組合せを探索する最適化問題としてテスト構成をモデル化できるので，線形計画法などを用いて実際の探索を行うことにより，適切なテストが構成される。

　近年は，大規模eテスティングを見据え，各テストの質を高めることより，テストシステム全体の信頼性を高めるために等質なテストをより多く構成した

いという需要が生じている。そのために4.3節で紹介された複数等質テスト自動構成手法が各種開発されており，特に Ishii et al. (2014) は他手法と比較して，数倍から数百倍のテストを構成することが可能な手法であるが，現在のところ，これらの手法は構成テスト群中の各項目の出題回数を制御していない。そのため，特定の項目が非常に多くのテストに出題される反面，ほとんど使用されない項目も存在しうるという項目暴露問題と呼ばれるセキュリティ上の問題を抱えている。したがって，この課題を解決する手法の開発が待たれるところであるが，大規模eテスティングが実用化されつつある現在，自動テスト構成は，今後ますます重要な技術となるであろう。

6.3 教育現場で利用・応用される eテスティング研究の動向と今後の課題

6.3.1 生体情報・行動情報（5.1節）

テストには，学習の到達度を測定することに主たる目的がある総括的評価だけでなく，結果を後の指導に役立てることが主たる目的である形成的評価がある。特に後者の場合，つまずきがどこで生じているかを把握することが重要となる。こうした観点では，教授・学習過程における学習者の心的状態を把握することが教育や学習の質の観点から極めて重要である。人間教師の場合は教授・学習過程の適材適所において学習者の心的状態を把握して教授戦略や教授方略に反映させることができるが，これを計算機支援によって自動的に行わせることは今後の教育システム研究においては重要な課題であるといえよう。教育工学研究においても，学習者の眼球運動や発汗量など生体情報を学習行為や心理状態と関係付けるための基礎的な研究は多くの知見を蓄積している。そして，昨今の計算機や生体計測機器の高機能化と低廉化によって，生体計測機から得られるリアルタイムかつ大量のデータを高速に処理することにより，生体情報や行動情報を用いた学習者の心理状態の計算機による自動推定と教育支援への試みが盛んに行われている。

具体例の一つとして，知的メンタリングシステムがある。5.1節では，この

システムの設計思想やシステムを実現するための学習者の行動情報と心的状態の関係の推定手法に関する研究について述べられており，たとえば，学習者のLLI (Low Level Interaction) リソースを用いた学習時や問題回答時における「困惑度」や「確信度」の推定手法とその有効性が示されている。

さらに，学習時に取得可能な行動情報（学習履歴，生体情報を含む）と心的状態との関係に関する知見も蓄積されつつある。このような知見を体系的に整理して，特に，非侵襲的に計測可能な生体情報と心的状態の関係を汎用的に記述することは，計算機に学習者の心的状態を推定する機能を実現する上で重要であるという視点に立った，学習時の心的状態に関する汎用的記述基盤（オントロジー）研究についても述べられている。これらの研究は日々進行中であり，今後益々発展すると思われるため，今後のeテスティング研究の中では，特にシステム開発に対して，大きく貢献するものと考えられる。

6.3.2　学習者の誤りの可視化（5.2節）

テストの目的は，その時点での学習者の能力を評価することだけではなく，テスト結果を学習者の次なる学習の契機とすることであるが，それができるのは，学習者が誤ったところを正しく理解しなければならないという思いをもった場合である。

そこで，学習時に誤った学習者に対して，正解を提示するのではなく，学習者の誤りを目に見える形で表示する誤りの可視化の手法を用いることで，誤りの修正が動機づけられることが知られている。これは学習時だけではなく，テストでも同様であろう。図5-3-2に著者のeテスティング実施の目的として，(2)得点以外のデータが得られること，(3)ペーパーでは出題できない項目を出題できることを示したが，誤りの可視化もまたペーパーではできないことである。これに照らせば，eテスティングにおいて，ペーパーではできない誤りの可視化を行うことは，学習者の次なる学習の契機のために非常に有用であると考えられる。

誤りの可視化のモデルの基としてEBS（Error-based Simulation）という学習者の誤りを振る舞いとして可視化するシミュレータがある。学習者はEBSに

より可視化された振る舞いを確認し，自身の予想する振る舞いとの差から自ら誤りを修正することが動機づけられる。5.2節に述べられたように，初等力学の静止系におけるシステム，英語作文の領域や，生物学におけるコンセプトマップの描画の領域に拡張したシステムなどは，効果があったことが示されている。さらに，学習者の誤答を現象としての振る舞いではなく，誤答に対応した問題を自動生成することで，出題された問題との差分から誤りに気付かせるシステムも効果的であった。これらは決してペーパーでは実現できないことである。

ところで，5.2節で扱われたさまざまな領域や出題形式の問題は，eテスティングの出題形式のイメージとして思い浮かびやすい選択形式とは異なるかもしれない。しかし，近年，テストに関する世の中の潮流は選択式から記述式へと変化しており，研究としても小論文を初めとする自由記述形式の問題等をどのように自動採点するかといったアプローチが増えつつある。テストで重要なことはそのテストにおける問題の正誤を見て到達度を測ることだけではない。学校教育においては，そうした総括的評価だけではなく，形成的評価がより重要である場合が多い。どのように学習者の学習モチベーションを高め，テスト結果を次の学習契機につなげるかを検討することが重要であり，eテスティングにおいてコンピュータならではの方法でどのように誤りの可視化を実現すればより効果的か検討していくことが今後の課題である。

6.3.3　高等教育機関でのeテスティング（5.3節）

形成的評価の立場でテストを利用するとき，テストの正誤データだけではなく，学習者のテスト受験時のさまざまなデータがあれば，どこでつまずいているのかが把握しやすい。「テストをコンピュータを使って実施することにより，ペーパーテストでは収集できない情報を大量に得ることができること」というeテスティングの利点は，こうした形成的評価に大いに役立てることができる。高等教育機関で学ぶ学生の多様化で，高等教育機関でもきめ細かい指導が期待されており，eテスティングはそうした期待に寄与できると思われる。

たとえば，eテスティングでは，テスト受験時の感情を収集することにより，

学習者の興味・関心の変化を検討したり，サーバ上のデータベース内の学習者データを参照することにより，学習者間を比較したり，学習者間で相互評価をしたりすることが容易にできる。そのため，問題の正誤データとともに，これらを利用することにより，学習者がなぜ誤ったのか，その状況を詳細に把握することができる。大規模eテスティングでは，テスト項目の正誤データを基本として，項目の属性値をもつアイテムバンクを構成し，より適切なテスト構成，実施を目指すが，eテスティングの利点はそれだけにあるのではなく，5.2節に述べられたような誤りの可視化も含めて，ペーパーではできないことができるところにある。

また，高等教育機関だけでなく，企業内教育における技能教育の場で利用されるeテスティングでは，若手技能者がテスト受験時にどのような資料を参照したかを履歴から容易に取得することができるので，間違っていれば，本来，そこではどのような資料を参照すべきだったのかを指導することにつなげられる。また，技能の到達度も単に最終的正誤だけでなく，過程を評価する評価用技能マップを利用することで，きめ細かい評価ができる。

今後は，学習者の学習において，どのような情報（データ）を取得すれば，次の学習につなげられるかを検討し，さらに多くのデータの取得方法とその分析方法を考えていく必要がある。

6.4　eテスティングの今後の展開

今後，さまざまなテストがeテスティング化されていくであろうことは疑いがない。テストの制限時間的にも，問題数的にも，難易度的にも，より適切なテストを構成するためには，大規模なアイテムバンクをもち，良問を選択できるモデルをもつシステムが不可欠であるが，すでに各種のテストシステムが大規模に開発されている。コンピュータ技術の日進月歩により，さらに大容量データが，より高速計算可能となるであろう。そうなれば，計算量が膨大なため，採用が見送られていたようなテスト情報量もeテスティングで用いることができるようになるかもしれない。

このようにeテスティングが一般的になれば，教育目的で利用されるeテスティングがもっと活用されると考えられる。eテスティングで得られるさまざまなデータを活かして，次の指導につなげていくということは，高等教育機関ではまだまだ一般的ではないが，多様化する学生指導に大いに役立つという視点で活用していくべきである。また，どのようなデータをどのように分析することが有効であるかについても検討し，eテスティングデータの新たな分析方法が開発されなければならない。

　教育という立場からeテスティングを考えたとき，コンピュータの最新技術を最大限に利用する大規模eテスティングシステムの開発はもちろん重要なものではあるが，eテスティングで得られるデータを，いかに次の教育ステップに活かしていくかという方法論の開発も同様に重要なものであることを忘れてはならない。

注
1) 前書とは，教育工学選書第Ⅰ期第8巻『教育工学における学習評価』の第3章第1節「コンピュータ利用テスト」のことである。下記，参考文献の赤倉 (2012)。

参考文献
赤倉貴子 (2012)「コンピュータ利用テストの実用」永岡慶三他 (編)『教育工学における学習評価』ミネルヴァ書房.
Ishii, T., Songmuang, P., Ueno, M. (2014) "Maximum Clique Algorithm and Its Approximation for Uniform Test Form Assembly," *IEEE Transaction on Learning Technologies*, 7(1): 83-95.
植野真臣 (2012)「eテスティング」永岡慶三ほか (編)『教育工学における学習評価』ミネルヴァ書房.
植野真臣・永岡慶三 (2009)『eテスティング』培風館.

あとがき

　本書では，eラーニングとeテスティングが教育や学習の新しい方法につながる，という立場からさまざまな研究を紹介した．ICT (Information Communication Technology) の発展は日進月歩である．こうした新しい技術の発展をふまえ，文部科学省は平成23年4月に「教育の情報化ビジョン」を策定し，これを受けて平成23～25年度には実証研究として「学びのイノベーション事業」を実施した．その一区切りを迎えた平成26年4月には「ICTを活用した教育の推進に関する懇談会」を設置し，その中間報告書が平成26年8月に出された．この中間報告書の中で，授業の中でICTを活用することの意義として，「教育の質の向上」があげられている．そして，教育の質の向上の中身として，(1)授業の質の向上，(2)学びの場の多様化，(3)過疎化や少子化に伴う教育における質の確保などがあげられている．eラーニングもeテスティングも，(1)～(3)に大いに貢献できることは，本書の各所で述べられた通りである．著者らがeラーニングやeテスティング研究に取り組んでいるのは，まさにこのような「学習や教育の質の向上」を目指してである．日進月歩であるICT技術をうまく活かして新しい学習や教育の形態を模索する研究は，教育工学において果たすべき役割としては最も大きいのではないかと著者らは信じている．著者らが教育・学習の質向上のために必要と信じ，本書で述べられてきたeラーニング／eテスティング技術の開発が，読者諸氏の教育や学習の質向上への取り組みに少しでも役立つことを期待したい．

■参考資料
- 「学びのイノベーション事業実証研究報告書」（文部科学省，平成26年4月11日）．
- 「「ICTを活用した教育の推進に関する懇談会」報告書（中間まとめ）」（ICTを活用した教育の推進に関する懇談会，平成26年8月29日）．

赤倉貴子・柏原昭博

索引 (＊は人名)

A-Z

Achievement Emotions 152
API 10
ARCS モデル 180
Bees Algorithm 138
Blackboard 18
blog 73
＊Bransford, J. D. 158
BYOD (Bring Your Own Device) 29
CAI (Computer Assisted Instruction) 38, 85
Caliper Analytics 29
CAS (Central Authentication Service) 10
CBT (Computer Based Testing) 188-190
CMS/LMS 18
Community of Practice 64
Contributor Lisence Agreement (CLA) 27
CSCL 69
DPマッチング 99, 101, 102, 108
EDM (Educational Data Mining) 87
Educational Community License 27
EER 103, 106
e-learning システム 33
ELECOA (Extensible Learning Environment with Courseware Object Architecture) 13
EMD 104, 106, 108
e ポートフォリオ 25
Error-based Simulation (EBS) 160, 162
　力の作図を対象とした―― 161
FAR 103
FD 活動 174
FRR 103
GetValueメソッド 14
H. 323プロトコル 35
＊Hatano, G. 159
HD 36
＊Horiguchi, T. 161
HTML5 37
ID フェデレーション 57
ILE (Interactive Learning Environment) 86
IMS (Intelligent Mentoring System) 145
IMS Caliper Analytics 30
IMS Content Package 5
IMS Learning Tool Interoperability (LTI) 23
＊Inagaki, K. 159
ITS (Intelligent Tutoring System) 38, 85, 145
JA-SIG 19
Learning Analytics 87
LMS (Learning Management System) 2, 18, 50, 64, 85
Low-Level Interaction 146
LTI (Learning Tools Interoperability) 10
Mahara 11
Mahoodle 11
MOOC (Massive Open Online Course) 39
Moodle 4
＊Novak, J. D. 165
OCW (Open Course Ware) 38
P2P 36
PBL (Problem-Based Learning) 65
RDF (Resource Description Framework) 43
Sakai 18
Sakai CLE 19
Sakai Foundation 18
SAML (Security Assertion Markup Language) 55, 60
SCORM (Sharable Content Object Reference Model) 6, 10, 11
SetValue メソッド 15
Shibboleth 57, 58, 60
SINET 35
SIP プロトコル 35
SNS 64
UML (Unfized Modeling Language) 43
VOD (Video on Demand) 39
WBT (Web-based Training) 33
WebCT 18, 24
Web 会議システム 35

索 引

WebRTC 37
＊Wiggins, G. 170

ア 行

アイテムバンク 94, 126
当て推量 113
誤りの可視化 158, 159
　英作文における―― 163
　コンセプトマップを用いた―― 164
　――の効用 157
　――のモデル 158
誤りの気づき 158
＊新井達也 165
＊今井功 161
ウィークリー・フォーマット 6
遠隔教育システム 33, 87
遠隔授業システム 33
遠隔分散参加形態 54
オープンソース 4, 18
オープンソースコミュニティ 26
オンプレミス 50
オンプレミス運用 62
オンラインコミュニティ 67

カ 行

階層構造 165, 167
解答所要時間 121
概念変化 159
顔認証 109, 110
学習管理システム →LMS
学習グループ 4
学習者データベース 177-179
学習情報 65, 90
学習履歴 4, 8, 13
学認 60
可視性 160
活動モジュール 9
＊金森春樹 168
可用性 58
完了トラッキング（Competition tracking） 8
企業内教育 183
記述式問題 100

技能マップ 184
教育の共同実施 53
教育評価 112
協調学習 15, 179
共有ツール 3, 6
＊國近秀信 163
組み合わせ最適化問題 139
グループ学習 179
継承 167
研究知 71
研究知共有・継承 73
講義アーカイブ 39, 88
講義活性化 69
肯定的フィードバック 158
項目作成 95
項目暴露問題 141
項目反応理論 112
誤概念 160, 161
コース 6
コース管理システム 18
コース構造 3
個別学習支援システム 85
個別フィードバック 158
コミュニケーションの場 67
コミュニティ形成 67, 79
コミュニティサイト 67
コンセプトマップ 164
コンテンツ 3, 5

サ 行

最大クリーク問題 139
サイロ型 50
作問学習 15
シーケンシング 11
識別力 113
示唆性 160
実践的コミュニティ 71
自動テスト構成 126, 127
社会人の再教育 174
社会的構成主義 64
シャドー・テスト 118, 135
18歳人口 173

熟練技術者　184
受講者（個人）認証　96
生涯学習機関　174
状況に埋め込まれた学習　122
少子高齢化　173
情報交換　79
情報発信・共有　67
シングルサインオン　10
人口減少社会　173
信頼性　160
数学的最適化問題　127
数理計画法　104
スペースコラボレーションシステム　35
整数計画問題　132
静的情報　97, 98, 99
制約式　127
セキュリティ　56
線形計画問題　104, 132, 136
相互評価　179
ソーシャルキャピタル　67
ソーシャルプレゼンス　37
ソーシャルメディア　64
ソーシャルラーニング（Social Learning）　64, 89

タ 行

大学間連携システム　88
多肢選択試験　98, 100
他者受入率　→FAR
単位互換　53
知的財産法　179
知的メンタリングシステム　→IMS
重複条件　139
データ分析　95
データ連携　51, 55
適応型テスト　94, 112, 116
　　制約付き──　118
適応的支援　86
デザインパターン　43
テスト構成　95
テスト構成条件　128
テスト採点　95

テスト時の誤り　157
テスト情報量　128-129
　　理想的な──の概形　130
等誤り率　→EER
同期型遠隔学習システム　34
　　非──　38
同期受講　87
動的計画法　99
動的情報　97, 98, 99, 108
＊東本崇仁　165
トピック・フォーマット　6

ナ 行

内省　→リフレクション
なりすまし　96
難易度　113
認証連携　89
認知スキル　76
認知的葛藤　159
認知的徒弟制　64, 76
認知マップ　184

ハ 行

バイオメトリクス　96, 97
ハイステークス・テスト　134
パーミッション　7
反転授業（Fripped Classroom）　45
筆記運動　97
筆記情報　97
筆記認証　109, 110
ビッグデータサイエンス　62
ヒッチコック型　104
否定的フィードバック　158
ビデオ会議システム　35
非同期受講　87
＊平嶋宗　158, 160
フィッシャー情報量　115
複数等質テスト　134
プラグイン　5, 9, 13
プレゼンス　67
プレゼンテーション構造　77
プレゼンテーションスキル　76

ブレンディッドラーニング　45
フローチャート　169
プログラム　169
　──を読む学習　169
プロビジョニング　56, 58
分離性尺度　101, 107
弁別　167
ポートフォリオ　11
本人拒否率　→FRR

マ 行

マイクロブログ　70
メタ認知　159
メタバース　38
目的関数　127
目標関数　132
モバイル・テスティング　122

ヤ・ラ・ワ 行

輸送問題　104
＊吉村優　170
ラーニングアナリティクス　29, 62
ライフコース　173
ラボ環境での学習（Learning in Lab）　72
ランタイム環境データ　13
理解活動　159
リフレクション　38, 159
リポジトリ　11
利用制限（Conditional activities）　6
リンク
　Attribute-of──　165
　Is-a──　165
ロール　7
論理式　180
若手技術者　183, 184

執筆者紹介 （執筆順，執筆担当）

柏原 昭博（かしはら・あきひろ，編著者，電気通信大学大学院情報理工学研究科）
　　　　　序，第2章第3節，第3章，あとがき

赤倉 貴子（あかくら・たかこ，編著者，東京理科大学工学部）序，第4章第1節，
　　　　　第5章第3節，第6章，あとがき

仲林　　清（なかばやし・きよし，千葉工業大学情報科学部）第1章第1節

森本 容介（もりもと・ようすけ，放送大学）第1章第1節

梶田 将司（かじた・しょうじ，京都大学情報環境機構）第1章第2節

長谷川 忍（はせがわ・しのぶ，北陸先端科学技術大学院大学情報社会基盤研究セ
　　　　　ンター）第2章第1節

松浦 健二（まつうら・けんじ，徳島大学情報センター）第2章第2節

林　　敏浩（はやし・としひろ，香川大学総合情報センター）第2章第2節

宮澤 芳光（みやざわ・よしみつ，東京学芸大学次世代教育研究推進機構）第4章
　　　　　第2節

石井 隆稔（いしい・たかとし，東京理科大学工学部）第4章第3節

松居 辰則（まつい・たつのり，早稲田大学人間科学部）第5章第1節

東本 崇仁（とうもと・たかひと，東京工芸大学工学部）第5章第2節

教育工学選書Ⅱ 第1巻
eラーニング／eテスティング

2016年6月20日　初版第1刷発行　　　　　　　〈検印省略〉

定価はカバーに
表示しています

編著者	赤　倉　貴　子
	柏　原　昭　博
発行者	杉　田　啓　三
印刷者	坂　本　喜　杏

発行所　株式会社　ミネルヴァ書房
607-8494　京都市山科区日ノ岡堤谷町1
電話代表　(075)581-5191
振替口座　01020-0-8076

©赤倉・柏原ほか, 2016　　冨山房インターナショナル・新生製本

ISBN 978-4-623-07568-3
Printed in Japan

授業研究と教育工学
――――― 水越敏行・吉崎静夫・木原俊行・田口真奈著　A5判 216頁　本体 2600円
●授業研究とは何か。授業改善と教師の力量形成のために行う授業研究を，現在の日本の動向（研究領域の確立，教師の成長，ICTの活用，大学の授業までの広がり，学校改革，国内外の視点からの見直しなど）をふまえて解説。

教育工学における教育実践研究
――――― 西之園晴夫・生田孝至・小柳和喜雄編著　A5判　224頁　本体 2600円
●「自らの教育実践の研究」「他者の教育実践の研究」「実践者と研究者が協働で職能開発をする研究」の3つの視点から，教育実践研究の枠組み，方法と実際を，事例を交えて紹介する。

教育実践論文としての教育工学研究のまとめ方
――――― 吉崎静夫・村川雅弘編著　A5判　224頁　本体 2700円
●実際の実践研究に関する論文について，執筆者が実践研究を論文にまとめる際に「強調したかったこと」「留意したこと」「苦労したこと」などをわかりやすく示す。これから実践研究論文を書こうとしている大学院生や若手研究者，現職教員の参考になることを意図した，論文の書き方／まとめ方。

事例で学ぶ学校の安全と事故防止
――――― 添田久美子・石井拓児編著　B5判　156頁　本体 2400円
●「事故は起こるもの」と考えるべき。授業中，登下校時，部活の最中，給食で…，児童・生徒が巻き込まれる事故が起こったとき，あなたは――。学校の内外での多様な事故について，何をどのように考えるのか，防止のためのポイントは何か，指導者が配慮すべき点は何か，を具体的にわかりやすく，裁判例も用いながら解説する。学校関係者必携の一冊。

――――― ミネルヴァ書房 ―――――

http://www.minervashobo.co.jp/

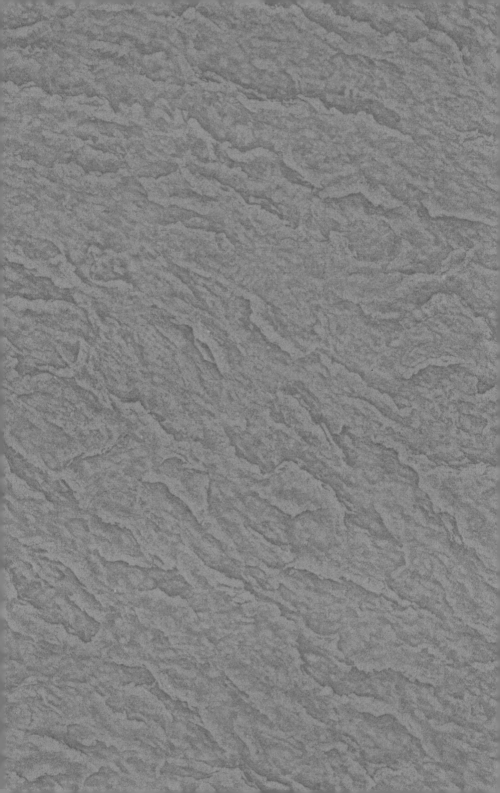

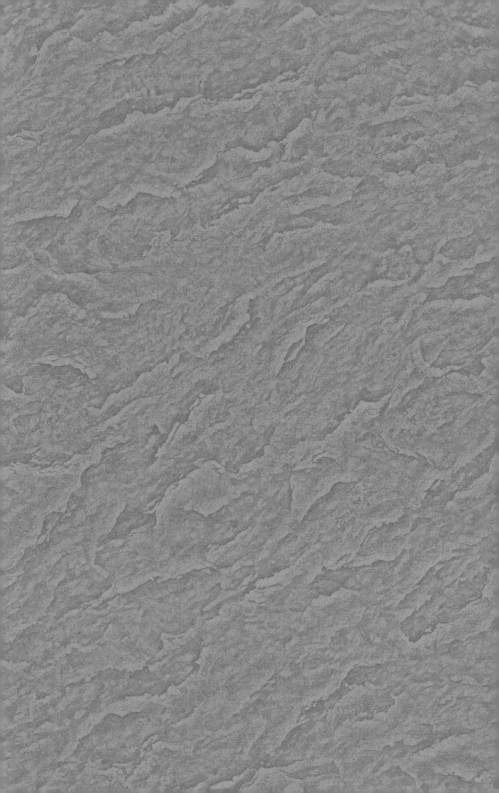